# 好的商业模式
# 需要创新设计

郑小四◎著

中华工商联合出版社

图书在版编目（CIP）数据

好的商业模式需要创新设计 / 郑小四著. -- 北京：中华工商联合出版社，2024.7. -- ISBN 978-7-5158-4027-7

Ⅰ.F71

中国国家版本馆CIP数据核字第20241D389J号

## 好的商业模式需要创新设计

| 作　　者： | 郑小四 |
|---|---|
| 出 品 人： | 刘　刚 |
| 责任编辑： | 胡小英 |
| 装帧设计： | 王玉美 |
| 排版设计： | 水京方设计 |
| 责任审读： | 付德华 |
| 责任印制： | 陈德松 |
| 出版发行： | 中华工商联合出版社有限责任公司 |
| 印　　刷： | 三河市宏盛印务有限公司 |
| 版　　次： | 2024年8月第1版 |
| 印　　次： | 2025年3月第2次印刷 |
| 开　　本： | 710mm×1020mm　1/16 |
| 字　　数： | 180千字 |
| 印　　张： | 14.5 |
| 书　　号： | ISBN 978-7-5158-4027-7 |
| 定　　价： | 58.00元 |

服务热线：010—58301130—0（前台）
销售热线：010—58302977（网店部）
　　　　　010—58302166（门店部）
　　　　　010—58302837（馆配部、新媒体部）
　　　　　010—58302813（团购部）
地址邮编：北京市西城区西环广场A座
　　　　　19—20层，100044
　　　　　http://www.chgslcbs.cn
投稿热线：010—58302907（总编室）
投稿邮箱：1621239583@qq.com

**工商联版图书**
**版权所有　侵权必究**

凡本社图书出现印装质量问题，请与印务部联系。

联系电话：010—58302915

**PREFACE 前言**

## 商业模式好，企业才有前途

管理学大师彼得·德鲁克曾说过这样一句话："当今企业之间的竞争，不是产品之间的竞争，而是商业模式之间的竞争。"

在当时，很多人对这句话并不在意。如今，在市场竞争更加激烈的环境下，企业生存更加艰难。很多生意人会提出这样一个疑问："为什么同样的生意，别人能赚得盆满钵满，自己却活下去都成问题？"在冷静、深入思考之后，发现企业的竞争，从来不是硬件的竞争，而是软实力的竞争。商业模式，就是企业竞争最好的软实力。也有越来越多的人开始意识到商业模式的重要性，也更加明白商业模式是企业的核心竞争力。

在互联网、移动互联网以及大数据、人工智能、传感器等一众先进科技出现之后，商业环境发生了巨大变化，商业游戏规则也被重新定义，这就为大量企业带来了新的生机和商机。此时，一大批新型的、依靠成功商业模式的企业快速崛起。商业模式的重要性则更加凸显出来。如阿里巴巴、京东、拼多多、美团等巨头，"飞速增长""天花板高"则成为它们共同的特有标签，它们都是借助高明的商业模式成为行业的佼佼者。

企业重新焕发活力需要商业模式的助推，企业想要做大做强更需要商业模式的助力。没有好的商业模式，企业就像是失去了灵魂，做不大，更做不强。

不过，再完美的商业模式，企业也不可能一劳永逸。仍然需要根据外界环境、竞争对手的变化情况，对商业模式进行有效设计，寻找更多的新机会。否则，企业就像是一具行尸走肉一般，最终跌跌撞撞地走向灭亡。

那么好的创新性商业模式从哪里来？做好商业模式设计是重要的一环。

很多生意人错误地认为自己做出了一个商业创意，就是做了一个商业模式设计。商业创意只是一个点子，是一个针对生意交易的创意思路，只能算作市场运作的一个奇思妙想。究竟是否能为企业带来可观的收益，并不确定。

真正的商业模式设计，涉及到产品设计、营销策略、盈利策略。其目的在于颠覆行业，不断提高企业在市场中的竞争能力和盈利能力，让消费者在消费的过程中没有任何犹豫的空间，让竞争对手没有任何对抗之力。

只有经过深思熟虑，进行有章法、有步骤的商业模式设计，才能助力企业一步步走向辉煌。

本书立足于商业模式设计，在内容构成上，共分为九章，分别从深度理解商业模式、商业模式设计必备思维、成功商业模式设计的底层逻辑、商业模式设计考量因素、商业模式设计思路与步骤、优质商业模式设计技巧、商业模式创新设计破局方向、优秀主流商业模式落地方法、未来商业模式走向展望入手，进行细致的阐述，让每一位读者能够从基础到深入、从理论到实操，更好地掌握企业商业模式设计落地的实践方法和步骤，有效提升企业市场竞争力，助力企业实现可持续发展。

此外，本书在语言运用上，力求做到通俗易懂；在结构设计上，力求做到逻辑清晰。再加上丰富的案例，使得可读性进一步提升，让读者在阅读的时候能够轻松读懂、学习和掌握，为企业家和经营人员提供很好的引导和帮助。阅读本书，你就会发现，商业模式设计不再是空中楼阁，你也可以学以致用，可以巧借书中知识设计出更加贴合企业自身特点的优秀商业模式，为企业构建起强有力的竞争壁垒。

# CONTENTS 目录

## 第一章
## 深度解读商业模式

什么是商业模式  // 002

商业模式≠盈利模式  // 004

商业模式也分三六九等  // 008

商业模式设计原则：持续、价值、整合、创新  // 012

商业模式构成的核心要素  // 014

## 第二章
## 商业模式设计的七大必备思维

平台思维：实现资源整合与流通  // 022

流量思维：流量是商业竞争的"生死线"  // 024

人性思维：顺应人性方可为  // 026

轻资产思维：低成本实现高回报 // 029

合伙人思维：抱团取暖实现共赢 // 031

差异化思维：人无我有，人有我新 // 034

迭代思维：用推陈出新掌握商场主动权 // 037

第三章
# 成功商业模式设计的底层逻辑

观时局：与时俱进才能行稳致远 // 042

谋机会：找到好的创新创意点 // 044

破痛点：让消费者离你的距离更近 // 046

立格局：重构行业商业格局 // 050

第四章
# 商业模式设计考量因素

消费升级：从生产决定消费到消费决定生产 // 054

技术演进：从传统到数字化、智能化 // 056

网络迭代：从互联网到移动互联网再到物联网 // 058

产业升级：从低端到中端再到高端 // 061

商业生态变迁：从竞争到竞合 // 062

商业核心演变：从地段到流量到粉丝到社群 // 064

企业发展进阶：从初创到成熟 // 066

## 第五章
### 商业模式设计思路与步骤

挖掘细分市场 // 070

明确价值服务 // 072

匹配营销渠道 // 074

明确合作关系 // 076

设计商业模式 // 078

评估模式潜力 // 080

## 第六章
### 优质商业模式设计技巧

从产品变现转换到价值变现 // 086

建立与顾客的心理连接 // 088

用户利益至上 // 091

变现效率高效化 // 093

接入更多的利益相关者 // 095

对内可复制，对外有壁垒 // 096

## 第七章
## 商业模式创新设计破局方向

打破陈规：打破思维定式才能有效创新 // 102

解决痛点："痛点"是商业模式创新的"支点" // 105

用户体验：体验感是创新的核心 // 108

模式延伸：原基础上小范围创新更容易成功 // 112

学习借鉴：正确的借鉴是创新的阶梯 // 113

## 第八章
## 优秀主流商业模式落地方法

免费模式：吃小亏，赚大钱 // 118

拼团模式：社交关系带动销量和流量裂变式增长 // 124

直播带货模式：社交互动实现高效引流和变现 // 130

连锁模式：样板复制，快速扩张 // 137

直销模式：没有中间商赚差价 // 145

分销模式：多条渠道多条路 // 149

自助模式：自我服务乐趣多 // 155

店中店模式：不同品类相互导流 // 162

盲盒模式：好奇心激发购买动机 // 168

快闪模式：短暂经营，试水营销 // 175

O2O模式：线上下单，线下服务　//　180

共享模式：闲置资源互通有无　//　187

定制模式：适合消费者的才是最好的　//　195

众筹模式：共同出资实现共同的梦想　//　199

## 第九章
## 未来商业模式走向展望

线上线下深度融合　//　208

个性化消费成主流　//　210

产业跨界融合　//　212

人工智能赋能　//　214

商业模式数字化　//　216

商业模式娱乐化　//　218

# CHAPTER 1 第一章

# 深度解读商业模式

创业从商，就需要有好的项目做支撑。但好的项目还需要好的商业模式做推手，才能得到更好的发展。商业模式与企业变现能力挂钩，与企业发展前景息息相关。全面、深入了解商业模式，是每一个从商者的必修课。

## 什么是商业模式

经商人士无不在谈商业模式，因为商业模式能够让公司的1元钱经过一番运转后变成1.1元钱。这就是商业模式的魅力。

那么究竟什么是商业模式呢？以下是经过对商业模式的深入了解后，去粗取精后总结出的定义：

商业模式就是能够将企业内、外各要素整合起来，从而形成一个完整、高效、持续，且具有独特核心竞争能力的运行系统，使得加入这个系统中的每一个参与者，包括企业员工、企业股东、企业客户、企业合作伙伴等利益相关者，都能实现利益的满足、价值的最大化，保证每个参与者实现共赢。

为了更好地了解商业模式，我们可以从更加细致的角度来讲商业模式。商业模式主要由四个维度组成：

**1. 价值体现**

商业模式是一个企业能够持续变革和创新，在快速变化的商业环境中存活和发展的重要工具。

对于一个企业来讲，无论做营销，还是做投资，或者做产品开发、做商业模式，凸显"价值"是最重要的目的。因为"价值"才是真正吸引消费者买单的根本。比如：安全性、性价比、有品位等。这就是商业模式的价值体现。

具体来讲，价值体现，就是企业通过运用商业模式向客户体现自身价值。

以商业模式中的免费模式为例。免费模式就是一种极致性价比模式，这让消费者看到了企业在市场中存在的价值。

### 2. 创造价值

创造价值也可以看作是一个实现资源合理配置的模式，通过资源的合理匹配创造出更多的价值，并将其转化为收益。

### 3. 价值传递

商业模式其实就像是一个通道、渠道，它可以将企业、产品、客户连接起来，从而将企业的价值主张、产品价值等传递给客户，让客户切实感受到这些价值的存在。

### 4. 获取价值

对于企业，借助商业模式能促进其内部和外部资源的整合，从而创造出1+1>2的协同效应；对于客户，可以在商业模式的推动下，获得更优的消费体验；对于企业员工、股东、合作伙伴等，则可以获得更多的奖励、分成和盈利等。

宝马早期是一家为各种应用设备生产发动机的企业。后来，宝马对自己的商业模式进行变革，开始自产自销汽车，省去中间商。在不断发展的过程中，宝马意识到按照旧有的自产自销模式已经不再能够顺应不断变化的市场需求，于是宝马对商业模式进行创新，开始转向为客户提供服务的商业模式，为客户带来终极驾驶体验的乐趣。之后，宝马又推出了共享汽车等模式，为人们提供了更加便捷的生活方式。宝马后期无论推出的哪一种商业模式，都为客户创造了实实在在的价值，给客户带来了实实在在的好处，客户也自然愿意买单，企业和其他参与者获得收益也就水到渠成了。

简单描述就是，商业模式是价值的载体。商业模式就是一个能够以什么样的方式让产品与特定用户连接起来，并能满足用户的需求，让用户为产品买单，从而给整个商业系统参与者带来价值和收益的连接方式。

## 商业模式≠盈利模式

在对商业模式的认知上，很多人存在一定的误区。比较典型的误区就是：商业模式就是盈利模式。事实上，盈利模式只是商业模式的重要部分之一。

商业模式就是企业能提供什么样的产品，给什么样的用户创造什么样的价值，用什么样的方法、渠道获得商业价值。

因此，商业模式应当包含四个部分：产品模式、用户模式、推广模式、盈利模式。

### 1. 产品模式

产品模式，就是有关产品的模式，如做什么样的产品、具有什么样的功能、能与用户之间如何进行互动、能解决用户什么样的需求、与竞品之间有什么样的差异点、如何将复杂的产品简单化、如何做好产品的延续性等。

总之，产品模式是商业模式的基础。一个企业，没有优秀的产品，难以支撑企业的发展，更难以走得长远。像华为、腾讯那些能够做大做强的企业，无一不是优秀产品驱动的典范。

所以，在认识商业模式的时候，一定不要忽视产品模式的重要性。

### 2. 用户模式

用户模式，企业产品的最终归宿就是用户。因此，在商业模式中，用户模式也是一个非常重要的部分。

用户模式，就是要通过一定的模式找到具有强烈产品需求的目标用户。

一件产品，设计无论在外观、色彩，还是工艺、功能等方面非常出彩，但如果这件产品是一件"普世"产品，适合所有人，那么这家企业的用户模式就需要重新思考一下了。

世界上那些成功的企业，无一不是在开始设计商业模式的时候，就对目标用户做了准确的筛选。

小米科技在创建之初，就有明确的目标用户，"为发烧而生"，就是将目光聚焦于那些"发烧友"。再比如江小白，其面向的目标用户，主打的就是"年轻"。

有人或许会认为，不论手机还是白酒，对于男女老少人群都适合，难道除了"发烧友"，除了年轻人群，就不卖给其他人了吗？当然不是。

用户模式研究的就是如何帮助企业快速找到产品的目标用户，先进行精准"打击"，然后再实现"各个击破"。因此，在用户模式的助力下，拿下目标用户之外的用户，就好比是"搂草打兔子"，顺带的事情。

### 3. 推广模式

有了好产品，明确了精准用户，还需要有好的推广模式做助力。

推广模式，也可以看作是营销模式。推广模式，就是帮助企业通过有效的方式让产品触达目标用户。或者可以说是通过一定的方法让目标用户知道你的产品、你的品牌，并和你之间产生关联，并为你的产品买单。

俗话说"酒香不怕巷子深"。这一定律在过去毫无疑问适用。但在如今的互联网、移动互联网时代，"巷子飘酒香"的模式已经过时。试想一下，口口相传的速度与互联网、移动互联网传播的速度相比，哪个更快？答案显而易见。在当下，谁能够结合现有的可用资源，创新出一套行之有效的推广方式，谁就能更好地将品牌快速传播出去，让更多的人知道、了解，进而快速占领市场。

在大多数人看来，推广就等同于"烧钱"。当然，如果你的企业有雄厚的资金储备做后盾，用"烧钱"换来一片大好市场，自然是好的。但对于那些资金紧缺的企业，又该何去何从呢？很多时候，点子和创意都是被逼出来的。很多企业的创新推广模式就是在情急之下逼出来的。

在进行推广模式创新设计的时候，一定要结合你的产品、结合你的用户群去设计，让企业能够花最小的成本，用最有效的方式，让产品触及目标用户。

### 4. 盈利模式

企业做任何经营，都是为了盈利。有了盈利，能够保持长期的持续性收入，企业后期才能可持续发展。盈利模式是企业最为关心的部分。

盈利模式，其实研究的就是如何获取利润，也就是研究赚钱的方式、方法、渠道。

拿一家网络游戏公司来讲，前期需要投入成本去开发和设计游戏产品，在找到目标用户之后，就需要通过一定的方式将游戏推广给用户。通过用户充值，以及接入广告的方式获取盈利。那么如何吸引用户充值？如何吸引广告方植入广告？这是两个关键性问题，是需要重点考虑的。这两个问题一旦解决，达成盈利目标也就是水到渠成的事情。

有不少人认为，只要用户数据增长起来，真金白银自然就会到自己的口袋中来。事实上却是，很多时候没等用户数据长起来，企业已经撑不下去了。所以，在开始着手创建企业的时候，就应当第一时间想好盈利模式。而且还要多考虑几种模式，思考哪种模式可能是最赚钱的。

商业模式是一个复合模式，是一个关乎企业做什么产品，定位什么样的目标用户，选择什么推广模式，用什么手法赚取收益的模式。盈利模式只是商业模式其中的一个部分。两者之间是包含与被包含的关系，而且在细节上有所不同。盈利模式的专注点更为聚焦，商业模式则更加宏观。因此，商业模式并不等同于盈利模式，两者相互促进。

## 商业模式也分三六九等

在企业经营的过程中，商业模式是一个企业能够立足市场的先决条件。衡量一种商业模式好不好，就要看它能产生价值和赚钱的能力如何。能力越高，商业模式越优秀。因此，商业模式也有三六九等之分。

好的商业模式，是企业制胜的关键。在良好的大市场环境中，一个好的商业模式能够让企业加快发展的脚步，并在市场中占据有利的竞争地位。

那么什么样的商业模式才能算作好的商业模式呢？

### 1. 是否可以根据外部市场环境进行微调

市场环境始终处于一个变量的状态，企业的商业模式如果一成不变，就会与市场大环境渐行渐远，甚至还会走上背道而驰的道路。

好的商业模式，可以根据外部市场环境的变化不断进行调整，以此适应外部市场环境的变化。商业模式好比自然界的物竞天择理论一样，只有"适者"才能生存。否则，即使你的企业当下是行业巨头，即使你的企业曾经非常辉煌，也会因为商业模式的"不适性"而最终在变化的市场环境中如流星般销声匿迹。

对于企业来讲，价格在一定程度上也属于竞争力。价格低，取决于成本低。

很多通信电子、汽车制造企业的商业模式是一种自产自销的直销模式，这种模式的好处就是产品触达消费者的过程中没有中间商，因此能够实现低价销售。但直销并不是唯一一种能够为用户带来低价的商业模式。

随着市场对产品性价比的需求越来越高，有的企业开始调整自己的商业模式，从自产自销转向代工自销模式。将产品生产交给富士康这样的代工企业去做。

调整后的商业模式具有极好的成本优势，品牌商可以省去很多人力、物力成本，给消费者的产品价格自然能够降下来。

### 2. 是否可以有效实现规模扩张

企业经营的目的就是为了占有市场份额，实现规模扩张。在借助商业模式斩获市场份额的过程中,切忌"一口吃成一个胖子"的想法。市场很大,消费者有很多,想要一口啃下这块大蛋糕并不容易。正所谓"欲速则不达"。好的商业模式,往往有一个好的市场切入点,即通过细分市场入手,把握住力所能及的机会,选择有利的细分市场,集中人力、财力、物力等一切资源去占据有利地位,形成强效竞争优势,然后以局部向全局市场进行扩张。这样的商业模式稳扎稳打,更容易让企业在市场竞争中取胜。

Facebook在创建之初,将目标用户定位为学校用户,在哈佛大学的小市场起步,为他们提供校友交流和联络的工具。很快,就获得了哈佛大学60%的市场。随后,Facebook就开始向更多的大学开放。直到后来,目标用户扩大到高中、企业等,直到面向所有用户。

### 3. 是否可以利用别人为自己创造价值

对于绝大多数商业模式,都是企业通过借助商业模式为自身创造价值。真正好的商业模式,能够让消费者或者第三方自愿成为自己的推广者,为企业做免费的宣传和推广,创造价值。

特百惠是一家专业做塑料保鲜容器的企业,该企业曾经就采用过这样一种商业模式:

特百惠将其目标客户,也就是那些更加注重生活品质的家庭主妇投入到自己最有力的直销渠道当中。该公司专门举办了一场"特百惠派对"活动,在活动中借助这些目标客户的良好口碑,为企业的塑料餐具做宣传，以此吸引更多的新用户。这一模式使得特百惠收入大增，省去了雇佣销售人员和进行广告宣传的成本。特百惠的这一商业模式，不失为一种好的商业模式。

### 4. 是否能够防御竞争对手

企业在市场中的竞争是异常惨烈的。企业，无论是初创企业，还是正处于发展中的企业，如果没有一定的防御竞争对手的手段，稍有不慎就会有被淘汰的风险。企业不仅要防御现有的竞争对手，更重要的是，要防御从其他行业打过来的竞争对手。

好的商业模式，能够汇集各项资源优势，帮助企业很好地防御竞争对手的攻击，让企业免于残酷的竞争。

### 5. 是否具有模仿门槛

好的商业模式会吸引更多的人进行模仿，而且一旦被模仿，就会不可避免地形成激烈的竞争。真正好的商业模式，应该有一定的模仿门槛，应该结合企业自身优势、技术、品牌、平台等优势，构建一定的模仿门槛，形成竞争壁垒。

### 6. 是否符合大势所趋

时代是在不断向前发展的，不同的时代，各项技术、消费需求、市场环境等会发生不同的变化。这是一条铁律。比如，互联网、移动互联网的普及；消费者注重审美需求、情感需求、体验需求等。真正好的商业模式，能够踩准时代节拍，顺应时代发展趋势、迎合时代潮流。

判断一个商业模式的好坏，不能只看其是否能为企业带来可观的盈利，这只是一个外在标准，还需要从多方面进行考量。

## 商业模式设计原则：持续、价值、整合、创新

商业模式对于一个企业的生存和发展至关重要，企业能否获得翻倍的营收，只差一个好的商业模式。

在做商业模式设计时，一定要深思熟虑，只要确定了商业模式，企业日后的发展，其目的性就更加明确，发展方向也就更加精准。商业模式设计，一定要遵循以下原则，才能让你的商业模式助推企业成功"上岸"。

### 1. 持续盈利原则

一个企业的生存，需要盈利做后盾，一旦没有盈利，没有长久盈利，企业将岌岌可危。尤其对于一家成长型企业，最大的痛点就是无法实现长期盈利。持续性盈利，是一个企业成败的关键。

商业模式的一个重要部分就是盈利模式。在设计商业模式时，能否盈利、如何盈利，更重要的是如何持续盈利，就成为一个重要的原则。

### 2. 用户价值最大化原则

企业能否盈利，在于它是否能激发消费者积极主动买单的欲望。而这个激发的"点"就是用户价值。毋庸置疑，没有谁愿意买一个对自己毫无价值的东西。谁能为用户创造出更多的价值，谁自然能够成为用户眼中的"香饽饽"。

商业模式是价值的载体。商业模式在设计的时候，一定要注意用户价值的最大化原则。一个不能满足用户价值的商业模式，即便当下能为企业获得盈利，但这也只是暂时的、偶然性事件，难以实现持续性盈利。

**3. 资源整合原则**

很多企业设计的商业模式不够成功，就是因为没有很好地整合身边可用的资源。资源整合就像一枚核武器，用得好能产生几倍甚至几十倍的能量。企业要擅长借助外力、调用外力，将现有的资源、沉睡资源盘活，将外力、资源整合在一起，融入到商业模式设计当中。

资源整合，就是实现现有资源，包括资金、人力、物力、渠道、平台等的优化配置，从而产生出1+1>2的价值，以保证企业在行业竞争中，能够保持强大竞争力。

比如，传统的出租公司将自己的汽车租给司机，由司机为乘客提供出行服务。

而滴滴出行则几乎没有出租车，却也能开出租车公司，为乘客提供出行服务。Airbnb没有一家酒店，却是全球最大的酒店出租公司，而且比任何一家连锁集团的规模都要大。

这些公司的成功之处在于，它们拥有将自己作为要素整合平台，将可利用的资源整合在一起的商业模式。靠这样精准的商业模式赚钱，吸引了更多的商户和用户入住，将生意一步步做大做强。这就是商业模式资源整合的力量。

### 4. 创新原则

企业身处的市场环境不会一成不变，而是瞬息万变的。面对这样的情况，企业无法改变市场环境，那么就要对自我做出改变。企业要想适应时代变化，要想走得长远，就要不断改变商业模式，对商业模式进行创新。

商业模式的创新，可以是企业产品开发研发模式的创新，也可以是营销模式的创新等其他环节。总之，企业经营的每一个环节，都可以成为商业模式创新的方向。

## 商业模式构成的核心要素

商业模式是一个复杂的体系，但所有的商业模式，它们的构成有一个共性，共分为六个核心要素。

### 1. 客户细分

客户是商业模式构成的核心要素之一。一个企业，没有客户，也就难以在市场中存活。客户存在于不同的细分领域当中。将客户进行细分，可以有针对性地满足某一或某些特定领域客户的需求。

在一个商业模式中，首先要明确你的产品所面向的是什么样的用户。用户的范畴越精细越好，最好能给他们打上相应的标签，如性别为男性，年龄30~40岁，地域为一二线城市，职业为商务精英等。有了这些明确的细分领域客户标签，企业就可以设计出相应的商业模式。

**2. 价值主张**

消费者购买产品或服务，往往会货比三家，只有那些能够满足其需求的产品或服务，才能真正吸引他们下单购买。

价值主张，即为特定细分客户创造什么样的价值。价值主张能够通过产品或服务传递的价值而使得消费者获得需求上的满足。商业模式的价值主张，是客户选择为你的企业买单的根本原因。

一般的价值主张，主要表现为产品或服务能够通过功能、特性等为客户带来价值。更高阶的价值主张，则极具创新性，会上升到更高层面，如精神升华、品位彰显等。

**3. 渠道通路**

渠道通路，就是通过什么样的渠道与细分客户进行沟通，并向细分用户传递企业的价值主张。

企业与客户建立交易关系，是需要经过一定的沟通、销售渠道来完成的。渠道通路，是连接企业与客户之间的桥梁，扮演着十分重要的角色。

渠道通路，主要负责以下任务：

（1）提升产品或服务在客户心中的认知；

（2）帮助客户评估价值主张的优劣；

（3）帮助客户购买产品和服务；

（4）向客户传递价值主张；

（5）为客户提供售后服务。

### 4. 客户关系

客户关系，即细分客户与企业之间建立的关系。一个企业，与客户建立牢固的关系非常重要。第一，借助客户关系可以为企业开发新客户；第二，有了客户关系，就可以很好地留住已有客户；第三，在客户关系的基础上，可以进一步为企业带来销量。可以说，好的客户关系可以帮助企业摊薄客户成本。

企业与客户之间的关系，分为以下几类：

（1）私人服务型客户关系

这种客户关系类型，主要是客户在完成购买交易之后，企业方以个人助理的形式，通过邮件、微信、电话等为客户提供相应的帮助。

（2）专属私人服务型客户关系

专属私人服务型客户关系，就是企业根据客户特点，为客户提供专属私人服务。比如银行私人客户经理为客户提供专属理财服务。

（3）自助服务型客户关系

很多时候，企业不需要见到客户，就能为客户提供便捷式自助服务。

比如，很多自助贩卖机，消费者想要买东西，自己动手选择商品，并扫码结账即可。在为客户提供自助服务的过程中，企业就与客户之间形成了自助服务型客户关系。

（4）社群服务型客户关系

产品销售出去，这只是企业与客户建立关系的第一步。后期，企业可以将客户拉入建立的社群、论坛、粉丝群等当中，在这里持续发表与产品相关的价值性内容，让客户从中受益。客户也会由此对企业更加信赖，进而产生持续的消费。这种客户关系，我们将其称之为社群服务型客户关系。

（5）协作共创型客户关系

任何时候都不要将客户放在企业利益的对立面。客户与企业之间可以建立一种协作共创型客户关系，在这种关系下，企业与客户之间共同创造价值，共同获益。

比如，小米科技就是典型的例子。小米科技通过社群的方式让客户参与到产品设计当中，对客户提出的各种手机功能、颜色、设计等需求进行采纳，设计出更加符合客户需求的产品。这样的产品，源于消费者需求，自然能受到客户青睐。对于客户而言，能够买到更加心仪、符合自身需求的产品，对于小米科技而言，自然能够赚得盆满钵满。

### 5. 收入来源

企业能否获得收入，是一个非常重要的问题。如果客户细分是商业模式的心脏，那么收入来源就是商业模式的血液。

商业模式中，收入来源是重中之重。收入来源是指企业从每位客户那里获取收入。在设计商业模式的时候，企业一定要思考，什么样的价值能够让细分客户积极主动为产品和服务买单。

企业构成商业模式的收入来源有两种类型：

（1）企业获得客户的一次性支付；

（2）企业通过自己的价值主张与售后服务换来的客户的持续性消费收入。

**6. 核心资源**

商业模式将一切可用资源汇聚起来并加以利用。在这些资源当中，也有核心资源。核心资源就是能够让商业模式更加高效运转的重要资源。

**7. 关键业务**

关键业务是指为了确保商业模式有效且可行，企业必须要做的事情。

企业商业模式的运作，需要很多关键业务做支撑。关键业务会因为商业模式的不同而有所不同。

比如，北京奇虎科技有限公司（简称：奇虎360）作为免费安全软件平台，其关键业务就是为客户提供免费网络安全服务。

**8. 合作联盟**

企业在市场竞争中单打独斗很难取胜，合作才是企业的生存之道。合作联盟，即商业模式有效运作过程中所需要的供应商等合作伙伴的联盟。

合作联盟的方式有很多种：

（1）同业联盟

同业联盟，即同行业企业之间抱团合作，建立联盟关系。通过联盟，让彼此做大做强。

（2）异业联盟

异业联盟，即不同产业，且非上下游垂直关系的企业之间建立水平式合作关系。通过合作，彼此提升流量和转化，达到共同获利，实现双赢的目的。

（3）上下游联盟

上下游联盟，就是处于同一产业链上的上下游企业之间建立合作关系，实现共同发展。

（4）跨界联盟

跨界联盟，即不同领域的企业之间建立合作关系。重在"文化"跨界，形成相互协作、相互依存、相互补充的关系，以此提升彼此的品牌形象和知名度。

异业联盟和跨界联盟的区别就在于，前者重在"利"，后者重在"名"。

### 9. 成本结构

成本结构即商业模式运作所需的所有成本。

商业模式运作，需要成本做驱动。而这些成本，要尽可能降低。低成本换来高收益的商业模式，才是好的商业模式。

一个完整的商业模式，离不开以上九个构成要素，每一个要素都至关重要，在设计商业模式的过程中，不可忽视。

CHAPTER 2　第二章

# 商业模式设计的七大必备思维

商业模式是企业发展的根基，好的商业模式能够让企业越做越大。思维决定高度。商业模式的不同，是因为背后的思维方式存在差异。好的商业模式，需要借助好的思维去设计。用好商业思维设计好的商业模式，可以帮助企业谋得更好的未来。

## 平台思维：实现资源整合与流通

"平台"这个词对于我们来说并不陌生。我们经常会说："平台给了自己很好的成长机会。"可以说，企业是一个平台，学校是一个平台，社团是一个平台。总之，平台就是能够提供各种资源，为个人、企业、团体等实现自我发展、带来光明前途的环境或地方。

平台思维就是借助某个环境或地方的资源，来提升自我、实现光明前途的思维。

在如今的互联网时代，人们常常谈及一种商业思维就是平台思维。互联网时代的平台思维，就是以互联网为依托，将诸多资源要素聚合在一起构成一个平台，通过优势互补、资源开放、共享、合作共赢的方式实现资源要素的互联、互通、互动的思维方式。

商业模式的设计，需要借助商业思维做指导。平台思维就是一种很好的商业思维。

借助平台思维设计的商业模式，具备以下特点：

**1. 开放**

开放就意味着要打破封闭，走向开放。只有开放，才能吸引更多的用户加入，并缔结亲密的合伙关系。

**2. 共享**

共享是实现平台思维的一个重要条件。在平台上的用户之间实现资源共享、数据共享，才能创造出更多、更大的价值。

**3. 合作**

合作是平台化运行的前提。只有平台上的每位参与者都能合作起来，平台才具有黏性，每位参与者获得的收益才能实现最大化。

在以往，做生意靠产品赚钱的时候，自己投资自己干。互联网时代，将平台思维融入商业模式设计当中，则只需要创建一个平台，就可以吸引很多人加入到平台上，为你赚钱。

比如，淘宝作为电商平台，不生产产品，却在卖产品。它将大规模的生产商、经销商、消费者等聚集在自己打造的平台上，在自己的平台形成一个完整的消费系统，帮助他们实现更好的经济效益，提升整个行业的水平，增加整个行业的价值。

从淘宝我们可以看出，平台思维是企业能够服务于市场价值链中间的一个重要节点。事实上，依托平台思维设计商业模式，非常适合于那些初创企业。这类企业前期投资大，市场对其也并不是特别看好。企业该如何脱困？就是需要借助平台思维设计商业模式。如果有平台思维，就可以考虑如何以自己独特的方式对市场进行分类、定位，在市场中找到实现自身价值的方法。

总之，家底不富裕的企业、初创企业，在设计商业模式时，必须要有平台思维。不要只想着自己卖产品赚取盈利，要更多地想着如何为市场提供更多的价值和更好的服务。这样打造的商业模式，才能让企业更容易获得真正意义上的成功，并实现财富自由。

## 流量思维：流量是商业竞争的"生死线"

不管哪个时代，大部分人做生意做的是流量，如人流量、货流量、资金流量等。流量是一切生意的源泉。有人的地方才有需求，有需求的地方才有交易，有交易的地方才有收益。对于一个企业来讲，做生意，本质上做的是流量的生意。没有流量，企业也就失去了赚取收益的能力。

尤其在互联网时代，企业之间的竞争已经成为流量的竞争。"得流量者得天下"，流量争夺战异常激烈。可以说，流量是商业竞争的"生死线"。谁能在这个资源有限、竞争激烈的环境里精准引流，谁就能将流量转化为更多的成交量，谁就有机会成为行业佼佼者。

究竟什么是流量思维？

"流量"一词是随着互联网的发展流行起来的，也就是之前我们常说的"客流"。判断一家店铺的生意好不好，从这家店每天的客流量就能大概了解一二。在互联网时代，进入一个平台或店铺的流量越高，则说明这个平台或店铺的访问量越大，则能够为平台或店铺带来的转化概率也就越大。

流量思维，简单来讲就是借助一定的渠道为企业自身拉来大量客流的思维。

在商业模式设计的过程中，要注重流量思维的运用，这是互联网时代生意人经营企业的基础思想。

那么如何将流量思维融入到商业模式设计当中呢？

### 1. 解决客户问题

一个企业，其产品和服务之所以能吸引流量，关键在于它为客户创造的价值，恰好能满足客户需求。因此，这个问题又回归到了客户价值主张上来。企业一定要有非常清晰的客户价值主张，做好精准客户定位，才能让流量变成真实的客户，实现流量变现的最大化。

### 2. 要有晋升机制

每个人都渴望异于他人、彰显地位的身份。明白了这一点，也就可以从这一点出发，设置晋升机制，以此吸引流量。比如，会员制就是一种很好的晋升机制。

### 3. 要有奖励机制

天下熙熙，皆为利来；天下攘攘，皆为利往。有利可图，才能吸引人。好的激励机制，也是很好的引流方法。

比如，拼多多的砍价免费拿，就是一个典型案例。动动手指转发、拉人，就能作为奖励，免费拿走自己想要的东西，有谁不愿意呢？这样势必会形成流量裂变式增长。这种强势引流的方法，真的十分奏效。

流量思维是互联网时代企业存在和发展的根本与核心。树立流量思维，倾听用户心声，与用户用心沟通，是打破企业与消费者之间壁垒的关键。商业模式设计中接入流量思维，赢得流量，保持存量，企业才能走得更远。

## 人性思维：顺应人性方可为

做生意，无论在线下还是线上，无论做什么样的生意，是否都能带来价值，才是消费者选择你的最终衡量标准。让消费者感觉好，才是最重要的。

有这样一种商业模式：一个卖进口红酒的经销商推出了一个活动，凡是购买红酒满30万元的消费者，就可以免费开走价值40万元的路虎汽车。老板一天送出去58台路虎，当天进账一千多万元，净赚了几百万元。

很多人看到老板的这种高利润、高收益的商业模式，不解其中的奥妙。事实上，这种商业模式中隐藏着一种深厚的商业思维，那就是"人性思维"。老板精准地抓住了人性中的某些本质需求，使得客户无法抗拒，最终也就促成了交易。这位老板十分懂得人性中对好处的渴求，花30万元买酒，还能免费开走一辆40万元的路虎，这样的巨大便宜，有谁会不爱呢？消费者感到物超所值，自然也就促成了销售。

商业模式的类型越来越丰富，创新显得尤为重要。但最终离不开一个基点就是人性。人性既有理性的一面，同时也有贪婪的一面。在设计商业模式的过程中，要融入人性思维，围绕人性中的某种特性来展开。在满足人性需求的前提下，能更好地促进商业的发展。

人性是有共同特性的，在运用人性思维设计商业模式之前，要做好以下两件事：

**1. 把握人性**

商场如战场，人性是商业的根基。谁能够把握人性，谁就能更容易盈利。

其实，人性本无善恶，关乎的只是与自己有关的利益，或者能够给自己带来的好处。比如，贪婪，只是尽可能地想占有更多的利益；懒惰，只是想有更多属于自己支配的时间；虚荣，只是想通过自己所拥有的来彰显自己的身份、地位、品位，或者说自己优秀的一面等。

在利益具有足够诱惑力的时候，人们总会表现出"趋利"的一面。商业模式设计中，把握好人性是前提。

**2. 应用人性**

构建商业模式，将目光聚焦产品是一方面，但能够专注于对人性的把握，将人性利用起来，让消费者买单，则是更高级商业模式的表现。

如何应用人性呢？答案就是满足人性需求。具体方法，如：

（1）投放利益

利益是最直观的诱导形式。适当投放"诱饵"，如送红包、送实物等方法，在利益诱惑的驱使下，会使得消费者积极买单，甚至还会主动产生拉新行为。当然，要保证用户的留存，还需要将这种利益进行深度创新，避免用户领了利益就走，难以形成销售转化的情况出现。比如送优惠券、折扣券、会员卡等，这类形式的利益诱导，可以挖掘更多用户的价值，为我们带来更多的流量和销量。但需要注意的是，投放"诱饵"要适度、适量，因为这种投入带来的收益和风险同在。

（2）优质服务

懒惰也是人性之一。懒惰也为我们提供了广阔的商机和商业模式创新的思路。

比如，当前很多线上下单，线下上门配送的商业模式，从根本上讲都是迎合了人性懒的特点。

（3）环境氛围

虚荣同样是人性之一。可以借助人们的虚荣心来设计商业模式，让人们的虚荣心获得满足，自然也能吸引流量，并带来高效转化。

比如，很多咖啡馆的店面装修，主打一种高雅、轻奢、舒适的消费环境。来这里喝咖啡的消费者，往往能给人一种有品位的高贵感。对于那些虚荣心强的消费者，这里是最理想的摆拍场所。

总之，最好的商业模式，就是以人为本，从人性的角度去考虑商业逻辑。能够让顾客在消费的时候获得隐藏在内心深处的满足，也就是让消费者获得人性上的满足。抓住这一点去设计商业模式，企业才能打造长久的生意链。

## 轻资产思维：低成本实现高回报

对于大多数企业，尤其对于那些初创企业来说，资金是最大的问题。减少运营成本，实现高回报的商业模式，才是企业想要的最理想模式。

然而实现这一点，关键就在于先转变观点，改变思维模式。轻资产思维模式，就是一种低成本实现高回报的思维模式。借助轻资产思维设计的商业模式，能够让企业投入较低资本，实现资金快速周转，并获得较高收益。

为了更好地了解借助轻资产思维设计的商业模式所具备的显著优势，我们从一个例子说起。

某咖啡品牌当年为了引流，为用户送上诸多优惠券，还会时不时地送出限时免单的优惠。该品牌如此操作，本是希望能够通过这种烧钱的模式获得用户裂变式增长，然后提升用户的复购率。但实际情况却并不如意。虽然从销量上看，成绩不俗，但其每卖出一杯咖啡就要亏损20元左右。这样的代价也太大了，在很长一段时间内，生意处于亏损状态，难以走上正轨。

美团与该咖啡品牌的引流方案如出一辙，但美团却因此获得了大规模流量，并在日后赚到了十分可观的收益。

从该咖啡品牌与美团的整体运营以及生意效果对比来看，虽然引流方案相同，但在投入资产的轻重上大不相同。与美团相比，该咖啡品牌失败的原因在于：

第一，美团没有线下实体店，而这家咖啡品牌却有线下店铺。美团在补贴之后，依然可以获得庞大的用户群体，因为其商业闭环已经完成。但有实体店的咖啡品牌，后期却还有很多门店租金成本需要去投入。

第二，这家咖啡品牌后期设备等维护成本较高。

总之，各项成本的拖累，使得该咖啡品牌难以实现盈利。归结起来，就是美团的商业模式中融入了轻资产思维，而该咖啡品牌则没有。

如何才能借助轻资产思维构建商业模式呢？我们可以将企业的产品制造和零售分销业务进行外包，这样，企业就不需要花费场地成本、设备成本、物料成本以及更多的人力成本等，而是将更多的时间、精力、资金等用于产品设计、产品开发、市场推广等。

可见,轻资产思维设计的商业模式更加简单、轻巧、灵活,对于企业来讲,无疑是一个十分高明的设计思路。

## 合伙人思维:抱团取暖实现共赢

当前,商业竞争异常激烈,这是不争的事实。很多企业在实际运行的过程中,求胜心切,不给竞争对手机会,不希望自己败给竞争对手,都是在单打独斗。事实上,这种做法并不可取。

做生意的人都知道,流量是生意的本质。但在经营的过程中会发现,现在的流量增长越来越难。这是一个普遍现象。因此,如何破解流量增长瓶颈,是每个生意人不得不面对的问题。

实际上,破解这个问题也不难。我们都知道1+1=2的道理。与其每个企业都单打独斗、拼得"头破血流"抢流量,为何不想一个既简单又高效的脱困办法?既然单打独斗难以增流,何不尝试与别人合起伙来做生意?让自己手中的流量资源和别人手中的流量资源进行叠加,从而达到1+1>2的效果。通过这种流量资源互换的方式,可以在短时间内加快提升增流的落地速度。这就是一种合伙人思维。

企业想要在市场上站稳脚跟,分得"蛋糕",甚至能在日后成为行业巨头,就需要有合伙人思维,并要在商业模式设计中考虑应用合伙人思维。当然，合伙人思维设计的商业模式，除了能够帮助企业快速增流之外，还能共同承担风险、共享利润。

合伙大体分为两种：

**1. 与企业合作**

我们可以与竞争对手成为朋友，或者尝试与跨行业企业进行联盟。

竞争对手虽然是对手，但在利益面前，也可以是很好的朋友。跨行业企业，没有市场争夺之说，更是很好的合作伙伴。

王者荣耀是腾讯出品的一款网络游戏，已经成为当下诸多年轻人的休闲娱乐渠道。稻香村是一款非常受消费者喜爱的糕点品牌。在一次春节期间，王者荣耀与稻香村联名推出了新年礼盒"荣耀稻香"。王者荣耀和稻香村还在一次中秋节期间，推出"峡谷明月"中秋月饼联名礼盒。双方的两次联手，都带来了不同凡响的效果。

第一，春节是阖家团圆、家庭聚会的日子，中秋佳节本是赏月、思乡、品酒的节日，两者合作，并融入传统习俗的图案设计，将浓浓的节日氛围拉满，引发了人们的情感共鸣，因此双方大赚了一笔流量，也赢得了可观的销量。

第二，王者荣耀是时下年轻人最喜爱的手游之一，拥有很多年轻用户。稻香村是我国糕点行业历史悠久的品牌之一，聚集了不少大龄用户。双方合作，是两个不同时代的碰撞，也是不同文化层面的碰撞，再加上将代表各自IP元素的融入，更是两种情怀的交流。

## 2. 与个人合作

除了与企业、品牌之间进行合作，还可以与个人合作。

（1）企业员工

企业员工是我们分销系统中的合伙人。

比如，一家企业有20家实体店，每个店里有1名店长和5名店员。在不增加成本的情况下，店长和店员都可以升级为合伙人，且每个合伙人都可以开一家带有自己独立标志的微商城。这就相当于为店长和员工这样的个人提供了一个无门槛、低风险、零库存的创业平台，满足了他们当老板赚钱的梦想。

（2）企业顾客

企业顾客也可以延伸到我们的合伙人身份。

比如，顾客在购买产品时，可以让顾客扫描企业官方二维码，由于二维码带有店员的星级标志，在扫描后，顾客也就成为了企业粉丝。以后这位顾客所有的线上交易，都能获得佣金。而且只要顾客日后将商品链接分享到朋友圈，为企业拉新，同样可以获得佣金。这种合作模式中，顾客变相成为了企业的导购员，同时也能获得相应的回报，何乐而不为呢？

总之，做商业模式设计，要注重合伙人思维的发挥，可以为企业带来意想不到的生意效果。

## 差异化思维：人无我有，人有我新

现如今，企业生存的市场环境竞争异常激烈，价格战、模式战、产品战等，让企业应接不暇。企业要想存活，或者将自己立于不败之地，一个重要的法宝就是差异化思维。

差异化思维，就是要通过"人无我有，人有我新"来实现的。换句话说，就是要想别人想不到的，做别人没做过的，成别人成不了的。企业可以借助源源不断的新技术研发、新产品开发等，再结合企业自身特点设计出不同的商业模式，满足某一个空白市场的差异化需求，使企业能够拥有独特的价值，突破同质化竞争的激烈竞争，快速占有市场份额，同时还能打破竞争者的模仿壁垒，确保企业处于领先竞争对手的优势地位，这样才能掌握市场竞争的主动权、主导权、话语权。

差异化思维是设计商业模式的关键。那么具体如何将差异化思维融入到商业模式当中呢？答案就是对用户的需求进行细微体察。

对用户需求的探索，可以从用户情感需求、价值需求、功能需求、个性需求、人性需求等多方面伸展，也可以从消费者细分的角度去思考。概括起来一句话，就是要从用户体验入手，从研究用户心理入手，挖掘用户尚未被满足而急切需要得到满足的需求。

**1. 情感需求差异**

消费者是有情感的。在商界流传着这样一句话："做生意，就像谈恋爱。要想追成功，一定要懂得谈恋爱。"的确，真正懂得谈恋爱的人，能够知道对方喜欢的是什么、需要的是什么，怎么才能把对对方的爱用更加与众不同、出人意料的情感表达方式很好地展现出来。

真正的生意高手同样如此，越是对这句话有深刻理解的人，就越懂得商业模式设计情感差异化思维的重要性。企业可以借助情感促销、情感设计等差异化策略来设计商业模式，注重和消费者的情感互动，从而实现企业的经营目标。

例如，以前，做电商生意，商家与消费者都看不到对方，只能通过图文的方式进行互动和沟通，甚至有时候与消费者沟通的只是屏幕后毫无情感的机器人客服。随着直播的兴起，电商与直播接轨，使得直播带货成为了一种全新的电商零售模式。直播带货模式，就是一种很好的差异化情感互动模式。这种模式中，品牌带货主播和消费者之间通过公屏实时问答互动、进行情感沟通，给人一种更真实感。这种差异化情感互动模式也正是当下受消费者青睐的商业模式。

**2. 价值需求差异**

消费者在下决定购买之前，会对产品和服务的价值做个衡量，觉得物有所值才会交易。价值需求差异化，也是商业模式设计需要考虑的点。

对于绝大多数服装品牌来讲，对于售卖的衣服，如果发现有质量问题就可以享受无理由退换货服务。但有一家国人西服的专卖店除了提供大家都提供的服务之外，还提供差异化服务：凡是在国人西服专卖店购买西服的顾客，自购买日起一年之内，可以免费享受店铺提供的服装清洗、裁边、保养、熨烫服务。该店打出了差异化服务，为消费者提供了最具价值的服务，解决了消费者的后顾之忧，这也使得该店铺在市场中的竞争力得到了显著提升。

### 3. 个性需求差异

越来越多的消费者更加注重自我感受，自我个性地张扬，这已经成为了当代年轻人消费的诉求，也希望这种需求能够得到满足。个性化也就成为了差异化思维构建商业模式的切入点。

酒店的选择直接影响着旅客的旅行质量。因为每位顾客都有自己的喜好，并不是越贵就越适合自己，而是找到适合自己的那张床，才是关键。基于这一点，酒店可以根据顾客的喜好、习惯、习俗等打造具有个性化的住宿场景，为顾客提供专属服务等。

亚朵集团作为一个酒店类新品牌，为了提升入住率，推出只存在72小时的"旅行人格酒店"。该酒店根据9种旅行人格，共打造了9间房。包括：挑食患者、活体购物车、五星阿宅、本地卧底、搭讪艺术家、野生摄影师、冷门挖掘机、景点赛高、朋友圈GPS。不同喜好、人格特点的旅客都能找到属于自己风格的房间。

旅客在进入酒店大堂后，首先需要做"旅行人格"测试。旅客会在测试机上看到很多直击人心的文案，如"多见一人，就多见异世界""宅在远方，梦里远游"等。如果哪句话打动了旅客，就可以用酒店打造的专币塞入对应的机器当中，获取符合自己人格的主题房间。而且，在不同主题的房间，都做了相应的布置，使得整个房间充满艺术气息，给旅客带来个性化的入住体验。

总之，基于差异化思维打造差异化商业模式，需要通过差异化的价值创造来满足市场对差异化的需求。从以上三个方面出发，可以构建出差异化的商业模式。这样企业才能摆脱同质化竞争，从市场中脱颖而出。

## 迭代思维：用推陈出新掌握商场主动权

企业身处的市场环境是在不断变化的，企业需要具备灵活、快速的迭代思维，不断优化和改进商业模式。

什么是迭代思维？迭代思维，就是通过反复试验和改进，从而加深看待问题、解决问题的认知，从而设计出最优的问题解决方案的一种思维方式。简单来讲，就是一种不断尝试、改进和提升的过程。

在设计商业模式的过程中，运用迭代思维，可以帮助企业快速验证商业模式的可行性，进而更好地适应市场变化，为自身带来更多、更好的商业机会。

企业如何借助迭代思维来设计商业模式呢？

**1. 快速应对市场需求**

不管市场需求如何变化，借用迭代思维设计商业模式一条亘古不变的原则就是要观察市场变化的特点，然后快速响应市场需求。新的市场需求，可能会对原有的商业模式造成一定的影响，但只要能够及时对已有商业模式进行迭代，企业就可以扭转局势，获得更好的商机。

淘宝可以说是电商领域的先行者，平台上售卖的产品都是百姓生活所需的日常用品。随着时代的推移，消费者对于产品使用体验的需求越来越强烈。在直播的不断兴起下，淘宝便对原有商业模式进行迭代，将直播接入已有的电商平台，直播带货成为了一种全新的电商零售模式。

**2. 持续试验**

商业模式中，持续试验是实现迭代思维的前提。企业可以借助不同方式来进行试验，如做市场调研、用户访谈、快速实验等，对商业模式进行验证。如果可行，就可以正式投入市场运营过程当中。

需要注意的是，数据是实现迭代思维的一个重要因素。企业可以对已掌握的数据进行分析，从中判断市场需求，从而设计出全新的商业模式。因此，企业要注重数据的收集、统计和分析能力的提升，从而保证商业模式迭代的准确性。

长江后浪推前浪，在全新市场需求下建立适合的商业模式，取代旧的商业模式，企业才能更好地适应时代的发展，并成为行业先驱。迭代思维的重要性亦不可忽视。

# CHAPTER 3 第三章

# 成功商业模式设计的底层逻辑

商业模式是企业为了解决市场竞争问题、实现可持续发展而采取的一种商业策略。成功商业模式在设计的过程中,有四个底层逻辑,即观时局、谋机会、破痛点、立新规。这四个底层逻辑是商业模式设计的基础。

## 观时局：与时俱进才能行稳致远

俗话说：天有不测风云。商场如战场，同样变幻莫测。很多人抓不住头，甚至连尾巴也完美错过。

深究其原因，主要是因为很多企业对眼下的时局看不清、看不懂，甚至有的人不知道观时局的重要性。

对于任何一个企业，在市场中摸爬滚打，比的就是眼光、耐力、速度、心智和胆量。但眼光排第一位，眼光好是一切的前提。因为一种商业模式，最多只能存活20年，市场、环境、技术等的变化速度之快，以至于企业今天所赚取的利润难以保障明天的正常运行。企业不能关起门来不管不顾地做生意，而是要用一种发展的眼光去看待自己身处的大环境所发生的一切变化，要学会观察时局，分析时局，然后打造更加符合当下时局的商业模式。

要记住，没有一种商业模式是可以长久存在的。

拿零售业来说，很多年前，零售都是一种集体所有制合作的供销社模式。后来，随着市场化改革推进，放开了私营经济，很多个人开始经营自己的零售店铺。再后来，随着网络的不断普及，线上电商成为了一种全新的零售模式，并在此基础上延伸出很多关联模式，如无人售卖模式、直播带货模式等。

谁能懂得观时局，谁能在第一时间抓住时局来设计更加适合自身发展的商业模式，谁就能迅速成为自己所处领域的领头羊。

大家都知道，创新、蜕变与进化是社会存在与发展的根本规律，企业的发展也是如此。如果一直沿用太过陈旧、老套的商业模式，在新时局、新环境下，企业利润太薄，最终只能以失败结局收场。这是任何一个企业都不想要的结局。因此，企业在做商业模式设计的实践当中，要根据市场环境变化及时把握时局，要与时俱进才能行稳致远。

诺基亚当年凭借过人的手机质量，在手机领域可以说是一颗耀眼的企业之星。但后来这颗巨星陨落，辉煌不再，让很多用户感到惋惜。时至今日，在提及手机质量好的品牌时，人们会情不自禁地在脑海里出现"诺基亚"三个字。究其失败原因，一个很重要的因素在于，当时诺基亚一直在坚持传统的商业模式，只把目光局限在移动电话领域，没有及时跟进消费者对产品需求的智能化、功能化、娱乐化市场动态，还忽视了互联网的兴起和其他新兴市场出现带来的变化，更没有及时做出调整。市场的发展正在以日新月异的速度发生改变，诺基亚因为固守原有的商业模式，最终被时代所淘汰。

总之，时代在发展，商业模式也不是一成不变的。企业如果不能顺应时局，不能及时改变商业模式，最终必将被市场淘汰出局。

## 谋机会：找到好的创新创意点

做生意，要善于谋划。设计商业模式，也要讲究谋略，善于谋机会。

企业在观时局之余，还要善于从当下局面的表象中，以及当前消费者喜好、打得很凶猛的价格战、不可开交的资金战背后，找到市场发展的最有利机会。然后，将这些机会利用起来，作为最好的创新创意点，为自身打造一套专属的商业模式。

如何为自己谋得机会，是关键。事实上，商机无处不在，重点在于如何发现商机、挖掘商机。

### 1. 从消费者需求出发找机会

企业为自己寻找商机，首先要综合考虑市场趋势和竞争环境，把握最新的客户需求，制定合理的营销策略来满足客户需求。可以说，一切生意机会都从理解消费者的需求中来的。要知道，消费者需求就是最好的机会，是商业模式成功的重要前提。

宝洁是我们所熟知的一家国际大品牌，一直以来，宝洁公司都将"消费者至上"作为发展宗旨，将消费者需求作为企业发展的驱动力。

在发展过程中，宝洁公司更是以消费者需求为原则，为自己谋求更多的商机。首先，宝洁公司从消费者需求出发，仅旗下推出的洗发水品牌就有海飞丝、飘柔、潘婷、沙宣等知名品牌，而且每个品牌打造的产品都是根据消费者的不同需求来进行创新，如飘柔，主打的就是满足消费者"去头屑、养护发"的需求；海飞丝主打的是满足"防止头皮屑"的用户需求；潘婷，主打的就是满足消费者"深层护养"的需求；沙宣，主打的就是满足消费者"水感修护"的需求等。

宝洁能够及时发现消费者需求，并将这些需求作为商机，以此来作为商业模式设计的创意点。

### 2. 看别人的模式，找自己的机会

企业在发展过程中遇到的竞争对手会有很多，但智者百密终有一疏，别人的商业模式再好，只要我们善于从不同角度去挖掘，就能找出其空白区域。而这个空白区域正好是他们所欠缺的，也是我们完全可以拿来作为商机的点。

比如，在饮料领域，各大品牌产品之战如火如荼，如各类可乐、茶饮、果饮、咖啡、饮用水等。但有一个品牌，却发现，在市场中很多消费者喜欢吃火锅、烧烤、油炸等食物，但这类食物往往会引起上火进而不得不吃降火药。他们更希望有一种产品能够在他们吃此类食物的时候，就能有效预防上火。但当时市场中的饮料都不具备"预防

上火"的功能，于是就发现了商机，推出一款主打"祛火"的饮料，自此"怕上火，喝王老吉"这句广告词便将王老吉快速推向市场，并一举获得巨大的成功。

#### 3. 利用工具找机会

我们身边有很多工具可以为我所用，如基于互联网的O2O模式、基于直播的直播电商模式、基于微信的微商城模式等。善于谋机会的生意人，即便在自己资源有限的情况下，也能借助这些可用工具来为自己谋机会，以此来设计更加契合自身特点的商业模式。

做生意，如果你不会谋机会，不会为自己寻找商机，好的商业模式也难以成形。一定要有足够好的眼光去发现商机，足够强的耐力去分析商机，足够高的创造力去设计商业模式。

## 破痛点：让消费者离你的距离更近

随着人们认知能力、生活水平的不断提升，最本能的需求得到了很好的满足，但与此同时也催生出了很多新的需求。那些尚未被消费者满足的需求，或者说未被充分满足的需求，迫切想要满足的需求，对于消费者来说，就是痛点。消费者的痛点越痛，就说明消费者对产品或服务的需求越迫切。

基于这一点，企业唯有破解痛点，用户才会主动靠近你，才会心甘情愿地为你的产品或服务买单。这也是商业模式设计过程中应当遵循的一种底层逻辑。

如何破解痛点呢？

**1. 生存类痛点**

生存类痛点，即那些影响人们安全、健康等的痛点。如果不能及时、有效解决，就会影响消费者的人身安全或健康，因此消费者非常想要得到解决。

**破解 方法**

俗话说：眼见为实。寻求一种有效的商业模式，让消费者亲自看得见产品的安全、健康，让消费者因此消除内心疑虑。

比如，存在生存类痛点的消费者，往往不喜欢吃路边摊，觉得不够卫生。面对这样的痛点，有的餐饮商家便进行了商业模式创新：在靠近橱窗的位置会专门开辟出厨房，路人路过餐饮橱窗，就能看到厨房里的干净整洁，而且还能参观整个餐品加工过程，消除安全卫生疑虑，有效解决他们的痛点问题，顾客自然愿意进店用餐了。

**2. 价格类痛点**

对于绝大多数消费者来说，花小钱办大事是他们心中所期望的。对于那些价格高昂的产品，一方面是他们对产品的欲望，另一方面是他们对价格的极度敏感，形成了强烈的消费痛点。

**破解 方法**

既然产品的价格是消费者的痛点，就要设计一种能够让产品价格"看起来便宜"，让消费者有一种"占了便宜"的感觉，以此化解横亘在他们内心的"痛"。

智能手机刚上市的时候，相较于非智能手机，价格居高不下，让很多消费者望而却步。消费者想要跟上时代潮流，用上好产品，却因为价格过高限制了购买能力，这样的痛急需一剂良方来解决。

小米科技在推出自己的智能手机时，致力于采用高性价比模式。比如，小米手机青春版的出现，恰好以高性价比的优势占领了当时中低价位智能手机市场，赢得了大量用户的"芳心"。

### 3.效率类痛点

如今，人们的生活节奏越来越快，生活的琐碎让人感觉十分疲惫。如何能提升自己的生活效率，是人们想要解决的痛点问题。

**破解 方法**

不妨设计一种能够给消费者带来便捷，让消费者生活变得省时省力的商业模式。

传统情况下，消费者购买商品，需要到超市自行选购，不但去超市的路程需要花费时间，在挑选商品时，也非常耗时，而且结账之后还需要大包小包拎回家。这样的模式对很多消费者，尤其是忙碌的上班族非常不友好。

物美超市针对消费者的这一痛点，开辟了线上购物通道，消费者可以在线上选购商品并下单，非常便捷。还为消费者在其选定的配送时间段，提供送货上门服务。这一模式对于那些老年人、上班族来讲，既省时，又省力，坐等商品到家即可。

**4. 精力类痛点**

一天24小时，绝大多数人除了工作、家务、应酬、休息等，忙得像陀螺一样打转，剩余的可自由支配的时间少之又少。很多人想要好好学习一些东西来充实和提升自己，奈何精力有限。

**破解　方法**

我们可以寻找一种让消费者可以拿一分钟当两分钟用的商业模式，在有限时间内提升消费者的时间利用率，摆脱时间紧迫感。

喜马拉雅是中国领先的音频分享平台，其商业模式就是用声音服务每一位听众。用户可以在做家务、坐地铁的同时听喜马拉雅的知识分享，学到有用的知识。

发现痛点——找到解决方案——形成产品或服务——构建商业模式，这是企业商业模式设计的一条底层逻辑。那些成功的企业，其设计的商业模式，不外乎通过这一底层逻辑来实现。

## 立格局：重构行业商业格局

商业模式的核心就是打破规则、打破常规。每一个行业的商业格局都是在不断调整和重构中确立的。然而，商业模式是能够改变整个行业格局，是让整个市场重新洗牌的驱动力。

这一点，从我国的零售简史中便可窥见一二。

**第一阶段：古代零售**

《木兰辞》中有这样一句话："东市买骏马、西市买鞍鞯，南市买辔头，北市买长鞭。"这是当时零售行业的真实写照。

消费者想要买自己需要的商品，需要跑遍整个城市才能采买备齐。因为，当时的零售店基本都是前店后厂的小作坊。而且，老板通常就是生产者本人，如铁匠铺的老板是铁匠本人，绣品店的老板就是绣娘本人。

这就是零售行业最原始的阶段，这种商业模式持续了几千年。

**第二阶段：近代零售**

随着交通运输业的不断发展，全国乃至全世界的交通网络，不但使得人可以到达想要去的任何地方，货物也实现了流通自由。于是出现了百货商店与零售店。在店铺的柜台、货柜、货架上销售各种各样的商品，顾客基本可以在一家店内买到自己想要的多样商品。

**第三阶段：当代零售**

在互联网出现之后，电商平台出现。在电商平台上，品类众多，小到一针一线、螺丝螺帽，大到汽车、农用拖拉机；从生活用品、教育用品、厨房用品、数码家电，到家电清洗、电影购票、购房租房、票务订购等，可以说囊括了衣食住行的方方面面。在电商平台上，消费者几乎可以选购到他们想要的所有东西。之后，消费者需要在线上结算和支付，由商家从商品所在地发货，由第三方提供物流配送服务，消费者等待送货上门即可。在这样的商业模式下，消费者足不出户就能买到想要的商品，既省时，又省力，还能在短时间之内实现货比三家。之后，在传统电商模式的基础上，还衍生出其他模式，如直播带货模式、无人零售模式、O2O模式等。

可见，不同阶段，零售业的商业模式不同，形成的商业格局也有所不同。拿淘宝来说，在淘宝网作为中国第一个真正意义上的电商平台出现后，一种全新的电商模式出现，为零售行业的发展带来了新机遇，彻底改变了传统的购物方式，促进了我国零售行业的发展，就此在零售市场中开辟了新格局，定义了电商领域的"游戏"规则，为我国电商行业打下了坚实的基础。也正是如此，在继淘宝网之后，众多电商平台如雨后春笋般涌现，其中最知名的就是2004年创建的京东商城、2008年成立的唯品会等。

商业模式是改变商业格局的一支决定性力量。只有学会观时局，根据时局谋机会，在机会中挖痛点并破痛点，才能在行业中树立标杆，重构商业格局。这条商业模式设计的底层逻辑，企业一定要了解并遵循，以确保设计的商业模式具有高效性和有效性，实现可持续经营。

CHAPTER 4　第四章

# 商业模式设计考量因素

商业模式具有复杂性，在设计的过程中，并不是按照企业负责人的思想去随意构建。我们应当将多个相关因素考量在内，才能确保设计出来的商业模式更具可行性、性价比，并能有效应对各种市场变化。

## 消费升级：从生产决定消费到消费决定生产

时代在不断发展和变迁，由此带来了两方面的变化：

第一，人们的生活水平在随之不断提升。

第二，信息时代的到来，使得人们获取信息的途径变得多样化，对商品和服务的选择也更加多元化。

在这两种情况下，消费者的消费心理以及消费倾向都发生了变化，他们已经不再仅仅以价格和质量作为购买决策的考量因素，而是已经开始上升到更高的层面，主要体现在以下几点：

### 1. 消费格局多元化

消费者在消费的时候，已经从以往的"买什么"转变为"买什么样的产品"，消费格局也从以往的"少而精"向"多而杂"开始转变。简单来说，消费者越来越注重产品的细节、品质、审美等多种指标。同时，消费者还会从价值方面去考量，变得更加注重品牌文化、品牌认证等。

### 2. 消费品类升级化

在过去，人们购买产品，只要价格合适，能满足基本需求即可，对于其他没有太多的要求。如今，消费者对于产品的品类需求不断增加，如产品的健康、环保、智能化等都是影响他们做出购买决策的重要因素。

### 3. 消费观念高端化

消费者的消费观念也发生了变化，逐渐转向高端化。他们在购买商品时，更加注重个性化、差异化、高品质体验，而且还从过去的一味追求物质满足变为更加注重精神层面的享受、情感层面的满足等。

### 4. 消费习惯升级化

科技进步和互联网的普及，人们的消费习惯已经从传统的线下消费转移到线上消费，因为线上消费较线下更具便捷性，更省时省力。

这必然使得商品和服务供应商及时响应，并设计出更加符合消费升级需求的商业模式，以适应这些不断发生的变化。

对于企业而言，以往是自己生产什么，消费者就购买什么。现如今，这种模式已经难以为继。企业必须寻求新的商业模式来迎合消费需求的现状。那就是消费者需要什么，企业就生产什么，以此满足消费者需求。毕竟，消费者才是产品的最终使用者，没有得到消费者认可的产品，哪怕设计得再精妙，没有市场也是竹篮打水一场空。

定制化商业模式就是在消费升级的情况下摸索出来的全新商业模式。该模式以消费者的个性化需求为基础，为消费者提供针对性的产品和服务，带来极致的消费体验。我们在设计商业模式的过程中，要对定制化商业模式加以借鉴。

## 技术演进：从传统到数字化、智能化

人类的发展史，其实就是一部科技发展史。在人类发展的不同阶段，总会有不同的新技术出现，从而推动了人类的向前发展。

### 1. 工业1.0时代——机械制造时代

18世纪末，第一次工业革命全面爆发，人类进入蒸汽时代，以蒸汽机取代人力的机械化制造生产诞生，人类进入了工业1.0时代。工业1.0时代实现工厂机械化，从而使得机械生产取代了最原始的手工劳动，使当时的经济社会从农业、手工业为基础向工业、机械制造业转型从而带动经济发展。

### 2. 工业2.0时代——电气化自动化时代

20世纪初，第二次工业革命全面爆发，人类开始进入电气时代，电力的广泛应用促进了生产流水线的出现。此时，人类进入了工业2.0时代。在劳动力分工的基础上采用电力来进行大规模生产的同时，零部件生产与产品装配的分离得以成功实现。因此出现了产品批量生产，有效提高了生产效率。

### 3. 工业3.0时代——电子信息化时代

20世纪后半期，第三次工业革命全面爆发，人类开始进入科技时代，电子计算机技术得到了迅猛发展，人类作业被机械自动化生产制造方式逐渐取代，人类迈进了工业3.0时代。在这个时代，生产效率、分工合作、机械设备寿命、良品率都有了前所未有的提高。人类作业已经逐步被机器所取代，因此使得部分体力劳动和脑力劳动由机器来完成。这时候出现了信息技术自动化控制的机械设备。

**4. 工业 4.0 时代——智能化时代**

工业4.0时代被认为是人类步入智能制造为主导的第四次工业革命。在这个时代，全产品生命周期、全制造流程数字化以及基于信息技术的模块集成，一种高度灵活、个性化、数字化的产品与服务的全新生产模式也即将形成，是一场从自动化生产到智能化生产的巨大革命。

我们不难发现，在人类的发展过程中，每隔一段时间就会有一种全新技术出现。在这些新技术的影响和普及下，各领域的发展得到了显著升级，成为了经济增长的新引擎。尤其是近几年，云计算、大数据、人工智能等新兴技术的迅速发展，使得诸多传统企业实现了数字化、智能化转型，为企业发展注入了新动力。所以，在设计商业模式的过程中，技术的力量不可忽视，要将技术演进作为一个重要考量因素。

# 网络迭代：从互联网到移动互联网再到物联网

通信技术不断向前发展，经历了从1G、2G、3G、4G到如今的5G时代。随着网络的不断迭代，其优势越来越显著：网络传输速度越来越快、时延越来越低、容量越来越大、覆盖范围越来越广。

可以说，从1G到5G的迭代，不仅是一项网络技术从低传输速率到高传输速率的进阶，还是通过通信技术的迭代影响网络技术的迭代。网络发展的不同阶段，商业模式也有所不同。

## 1. 1G 时代

1986年，1G诞生。在1G时代，网络速度也只有2.4Kb/s（千比特/秒），这样的网络速度一般只能实现语音信号的传输，不能上网。这个阶段，上游供货商与下游销售商之间的供货关系，通过一部电话来达成，生产商除了自己出来跑生意，还可以通过电话的方式联系销售商，从而将自己的产品销售出去。这也成为当时一种普遍的商业模式。

## 2. 2G 时代

1995年，2G出现。2G虽然声音的品质较差，但与1G相比，增加了数据传输服务，而且数据传输速度还得到了有效提升，数据传输速度达到了9.6~14.4Kb/s。最早的文字短信、来电显示、呼叫追踪也从此开始了。除此以外，2G具有更高的保密性，系统的容量也得到了扩大，从这个时代，人们的移动通信工具——手机，真正进入了可以上网的时代。虽然当时网络传输速度有了提升，但还是有所受限，所以当时基于2G的商业模式没有得到大的飞跃。

### 3. 3G 时代

2000年，3G应运而生。3G采用的频带更宽，系统容量更大，传输的稳定性更高，在传输过程中对大数据的传输更为普遍，能够实现全球范围的无缝漫游，为用户提供包括语音、数据和多媒体等多种形式的通信服务。由此，3G时代被认为是开启了移动通信新纪元。这个阶段也为电商的发展，提供了很好的网络基础。从此，传统线下零售模式便开始走向线上，PC端电商成为一种全新的商业模式。

### 4. 4G 时代

2008年，4G出现。4G比3G更胜一筹，使得通信产业的发展更进一步，移动互联网网速达到了一个全新的高度。理论上网速是3G的50倍，最大网速为100Mb/s（兆字节每秒）。4G是集3G与WLAN于一体，实现数据快速传输、高质量音频、视频和图片，能够满足几乎所有用户对于无线服务的需求。电商模式在移动互联网的推动下，有了进一步创新。

比如微信购物模式。微信购物模式乘着4G之风，成为一种全新的商业模式。商家在微信平台构建品牌微店，人们可以在购物区选择自己想要的商品，并用微信完成费用支付。这种模式下，商家有效开发了庞大的微信用户群中蕴含的商业价值，通过网络的形式对品牌进行宣传，有效提升了商家的经济效益。

再如App客户端模式。在4G网络环境下，在PC端电商的基础上逐渐衍生出了App客户端模式，即移动电子商务模式。这种模式必须依托于一部手机来实现。像淘宝、京东、唯品会等在发展过程中，就利用移动客户端App开创了一种全新的商业模式。这种模式为消费者带来了极大的便利，实现了网上移动式购物。

### 5. 5G时代

2012年，5G网络出现。5G与前面其他四个移动通信时代相比，具有超级无敌快速的网速，其峰值理论传输速度可达100Gb/s。5G是一个从端到端的生态系统，它将打造一个全移动和全连接的社会。5G连接的是生态、客户、商业模式。能够为用户带来前所未有的客户体验，可以实现生态的可持续发展。可以说5G时代就是一个可以实现随时、随地、万物互联的时代。这个阶段，商业模式有这样几种颇具代表性的：边走边看的直播带货模式、线下门店的无人零售模式、VR虚拟现实试衣模式等。这些商业模式在5G技术万物互联的加持下，有效提升了消费者的购买热情和转化率。

总之，从通信行业来看，从最早的1G到如今的5G，我们进入了一个全新的通信时代；从网络角度来看，由通信升级而引发的网络迭代，实现了互联网到移动互联网再到物联网的变迁。这一系列的发展，是一次质的跨越，是推动商业发展的一个重要力量。什么样的网络时代，设计什么样的商业模式，这是商业活动适应时代发展的一个重要前提。设计商业模式，网络迭代作为一个重要考量因素，不容忽视。

## ▍产业升级：从低端到中端再到高端

"产业升级"这四个字我们并不陌生。产业是社会分工和生产力不断发展的产物，它随着社会分工的出现而出现，随着社会分工的发展而发展。

产业升级就使得产业的生产要素改进、结构改变、生产效率与产品品质的提升、产业链的升级，从而使得产品的附加价值得以提升。

举个简单的例子。比如，一个企业，原来是种植苹果的，后来将原来的苹果做成了苹果酱、苹果醋。再后来，为了给消费者提供更加丰富的产品，还对苹果酱、苹果醋的口感进行了扩展，添加了甜味。将农产品转变为人们生活所需的消费品，使得苹果酱、苹果醋与苹果相比，不但提升了苹果的附加价值，口感丰富、爽口，而且还扩展了苹果的功效。

可以说，产业随着消费的升级而升级。20世纪70年代，缝纫机、手表、自行车是生活必需品，带动了轻工业调整；到了20世纪90年代，则彩电、冰箱、洗衣机是家庭必备三大件，进一步带动了消费品工业的升级；如今，电脑、手机、汽车则是家庭必需品，带动了电子业、汽车制造业的提升。

我们可以看到，三次产业升级，是从低端到中端再到高端的升级。在不同的产业升级阶段，新的业态随之出现。此时，企业商业模式，要跟随产业升级的脚步发生变化，否则难以适应产业升级需求，这样的企业也很容易被市场所淘汰。因此，产业升级，也是企业设计商业模式过程中不得不考量的因素。

## 商业生态变迁：从竞争到竞合

商业模式设计需要诸多关键因素支撑，商业生态就是其中之一。

什么是商业生态？商业生态是从生物生态的概念引申而来的。商业生态，就是人类在长期的商业实践过程中，学习生物生态智慧而创立的一种企业在市场中与其他企业、组织、客户等利益相关者之间，形成的一种和谐的商业发展状态，最终达到生态平衡。

我们身处的这个世界在变，由此带来商业领域的巨变，以及商业生态的变迁。商业生态的变迁主要经历了从掠夺割据到互补协作的过程。简单来说，就是从竞争到融合。

在以往，同一领域的企业为了争夺自身赖以生存的市场，彼此之间放大招、出险招，想方设法攻城略地，打败竞争对手。在当时，一切商业模式设计，都是为了赤裸裸地竞争。

如今，市场竞争愈加激烈，企业在竞争中也更加惨烈，原本的竞争逐渐演化为一种全新的形式——"竞合"。也就是企业之间的竞争变为了既竞争又合作的形式，使得原本在擂台上相互搏击的竞争，变为了现在相互切磋，追求共赢。

柯达和富士两大企业在全球范围内的传统胶片市场形成激烈的对抗。当日本的数码企业横空出世时，两个"死敌"才恍然大悟，明白了影像行业已经被重新界定，它们当初争夺市场之战有多惨烈，如今输得就有多狼狈。

这个案例告诉我们，在不同的商业生态中，如果脑子里只怀着固有思想去竞争是极其危险的。鹬蚌相争，渔翁得利。竞争是大家抢一块蛋糕，而竞合则是大家一起做大一块蛋糕。在商场中，没有永远的敌人。每个企业的目的都是相同的，就是两个字——盈利。与其争得你死我活，两败俱伤，不如走上竞合之路。

当下，越来越多的企业已经意识到商业生态变迁的重要性。企业不论身处什么样的商业生态环境当中，都应当顺势而为，设计适应当下商业生态的商业模式。

## 商业核心演变：从地段到流量到粉丝到社群

在我们生存的大环境下，企业角逐的商业核心也经历了多个演变过程。

**第一阶段：地段**

传统商业，主要是看地段。在当时，地段选得好就意味着生意好。处在好地段的商铺，往往是最赚钱的。但在如今的互联网时代，这一招已经不再像以往那么灵验。即便店铺所在地段是黄金地段，也不一定能像以往一样可以日进斗金。

**第二阶段：流量**

在互联网兴起之后，电商开始流行起来。企业想要赚得盆满钵满，首先就要打通搜索引擎、新闻资讯等流量聚集之地，进行全渠道广告投放。当更多的人知道你的存在，认识并了解你的产品所蕴含的价值，才会为你的产品买单。而这个阶段，全渠道广告投放的目的就是为了引流。流量成为商业竞争的核心。

**第三阶段：粉丝**

在过去，经营的理念是将一件产品卖给1000个人，就是销售的人群越大越好。如今，流量红利正在逐渐消退。这对于企业来说，意味着获取新客户的成本越来越高，而留住老客户的难度也越来越大。经营的理念则转变为如何把一件产品卖给一个人1000次。因此，如何将流量转化为"留量",是企业需要重点思考的问题。因为,"留量"才是真正可以实现变现,为企业带来盈利的消费群体,而且还能为企业带来更多的新客,为企业提供长久的价值。由此,"粉丝"以此运用而生。粉丝就是最好的"留量",他们对企业的品牌文化极度认可,将企业的事情当作自己的事情,是企业品牌的忠实追随者。

如今的年轻人,绝大多数已经不像以前那样崇拜或者追逐自己喜欢的事物,因为他们变得越来越有自主性,有能够改变世界和创造世界的雄心。小米科技彻底打破了以往陈旧的"企业生产什么,消费者购买什么"模式,通过互联网时代的粉丝经济学,营造一种高度活跃的米粉参与产品设计的氛围,整个过程中小米科技与米粉一起创造与发展,激发米粉提供更加具有创新性的建议,从而帮助小米科技研发出更加新奇的产品。

**第四阶段:社群**

商业核心的第四阶段之所以是社群,是因为,社群本身就是一个由众多在人生观、价值观、情感、精神上有共鸣和共性的人聚集在一起的群体。社群的核心是人际关系,即用户关系。在此基础上具有了一个稀缺性特点——信任,再加上社群本身具有用户体量大、去中心化的特点,所以每一个社群成员都是一个连接点,可以在社群内通过互动、口口相传形成有效的免费的品牌信息传播,促进用户对品牌的认知,进一步促进交易的增长。因此,很多资本开始构建社群,借助社群的力量为自身获利。典型的商业模式,如社群团购模式。

商业核心在不断演变，但商业的目的却永不改变，那就是借助一切可用力量实现盈利。商业模式设计需要以商业核心为基础。顺应商业核心的变化设计适合的商业模式，这就是企业赚钱的有效模式。

## 企业发展进阶：从初创到成熟

企业也是一个生命体，有生命周期，从初始状态开始历经一个发展进阶的过程。不同阶段的企业，应当根据当前所处的发展阶段，时刻思考商业模式的适用性和及时性，在经营过程中，寻找应对不同阶段的商业模式。企业发展进阶也是商业模式设计的又一个考量因素。

### 1. 初创阶段

企业在初创阶段，规模较小，盈利点少。作为初创企业，活下去才是关键。因此，大多数企业在这个阶段最重要的目标就是追求效率，在短时间内实现财务目标。但需要注意的是，追求效率的同时，还需要将目光集中在抢占行业制高点的问题上。这里的制高点，可以是技术标准、服务标准，也可以是商业模式的制高点。

运用创新思维，打造全新的商业模式，将行业标准做出来，就能够形成更好的良性循环，从而快速在市场中站稳脚跟。

### 2. 发展阶段

在企业在市场中站稳脚跟之后，就开始进入发展阶段。这个时候企业需要做的是获得一个显著的市场份额，并正式进入盈利状态。因此，此时设计的商业模式就应当以盈利为导向。

### 3. 扩张阶段

当企业获得了稳定的盈利之后，接下来企业进入蓬勃发展阶段，企业要不断扩大自己的规模，实现快速扩张。此时，设计的商业模式，应当以快速扩张为目的，为自己的长远目标寻求更大的发展空间。

### 4. 成熟阶段

在历经了前几个阶段之后，企业开始进入成熟阶段。这个时候，企业积累了很多经营经验，在生产、营销、人力资源、客户等方面已经全面成熟，也形成了自己的核心竞争优势。企业关注的是利润的增长，以及市场地位的稳固，商业模式设计也应当以这两点为基准进行。

企业商业模式不是一成不变的，在不同的发展阶段，应当设计对应的商业模式。如果想要从始至终凭借一种商业模式在市场中叱咤风云，非但不能实现，还会使得企业逐步走向衰落，甚至被市场快速淘汰。企业想要做大做强，不被竞争对手所打败，就要根据自身所处的发展阶段，不断去设计与之适应的商业模式，为自身提供强有力的发展动力，使自身生命周期得以延长，长久处于不败之地。

# CHAPTER 5 第五章

# 商业模式设计思路与步骤

商业模式关乎企业的生死存亡。无论大中小企业,如果还没有明确商业模式设计步骤,就着手去设计商业模式,那么这种情况下设计的商业模式,会让企业在经营的过程中面临巨大的风险。在设计之前一定要提前做好规划,心中明确设计思路与步骤,才能在具体操作过程中做到有的放矢,游刃有余,不但能少走很多弯路,还能高效获得成功的商业模式。

## 挖掘细分市场

设计成功的商业模式，首先要从消费者需求入手。商业模式需要建立在市场需求的基础之上。企业必须根据市场需求来确定自己的产品或服务的市场定位和目标用户。只有满足市场需求和用户需求，商业模式才能称之为真正的成功。

那么如何满足用户需求？就要挖掘细分市场，将整个市场划分为不同消费者群。通过细分市场，可以深入了解不同子市场中消费者的不同需求，并能很好地明确哪些需求已经得到了满足，哪些只满足了一部分，还存在哪些潜在需求。同时，企业可以在后期根据细分市场的特点，制定相应的商业模式。

挖掘细分市场，可以从以下几方面着手来做：

### 1. 市场调查

通过市场调研，如问卷调查、电话访问等方式，明确市场发展趋势，找到目标用户的需求点。市场调查就必须依靠数据分析来完成，不仅需要企业内部数据，还需要大量的外部数据，包括市场需求、市场竞争等。目前大数据蓬勃发展，数据分析的应用十分普遍。通过对调查数据进行分析，做出消费者的基本画像，包括消费能力、消费层级、消费诉求、消费潜力等数据，将消费者进行细分，确定不同细分市场的需求和特征。

**2. 购买时机**

营销人员可以对消费者产生购买行为时的意图、时机进行分析，挖掘细分市场。

比如，航空公司可以按照消费者购买的意图，将消费者分为公务、度假、家庭旅行这几类。

**3. 追求的利益**

不同的消费者，想要从产品中追求的利益有所不同。可以从消费者购买产品所追求的不同利益中挖掘细分市场。

比如，同样是喝咖啡，有的人比较注重环境彰显品位，有的人注重口感，有的人则只是单纯地为了提神，有的人则是看重性价比。

**4. 使用频率**

对于同一件商品，不同的消费者对其使用频率有所不同，分为高频使用、普遍使用、轻度使用。根据这一点，我们同样可以挖掘细分市场。

比如，一家白酒企业，发现其80%的产品被占据消费者人群70%的年轻消费者消费掉了。因此，这家企业将这70%的年轻消费者作为目标市场。

通过以上几种方法，可以很好地挖掘细分市场，为后续操作做好铺垫。

## 明确价值服务

在完成细分市场的挖掘工作之后，接下来要做的就是根据目标用户群体的特征、需求、购买习惯等因素，为其匹配有价值的产品和服务业务，这里我们称其为价值服务。

价值服务，包括基本服务活动和辅助服务活动所创造的价值。在为客户群体提供的价值服务时，还要让客户能够对这些价值服务有直观感知和清晰理解。这样，我们所作的价值服务才有意义，才实现了其应有的价值。

如何明确价值服务呢？答案就是从用户的关键性需求，或者用户需求的变化出发。具体把握消费者服务需求的方法如下：

### 1. 调查测试

调查测试是最常用的一种方法。从细分市场用户群体中，抽选一部分作为样本，通过问卷、访谈、讨论、观察等方法，对其需求进行调查。对用户群体的购买动机、功能喜好、审美倾向、行为习惯等方面的数据进行全方位总结、归纳，得出一些有普遍性和规律性的结论。

调查测试存在一定的弊端。因为受到样本规模、样本结构、消费者意见真实性等问题的影响，会让调查测试的结果可能存在一定的偏差。

### 2. 推己及人

作为企业的营销人员、经营者等，我们同样也是市场中的消费者。因此，在明确消费者服务需求的时候，我们可以换位思考，站在消费者立场上深入接触、体验和领悟消费者的服务需求。通俗来讲，就是通过"将心比心"，达到"心有灵犀一点通"的境界。

### 3. 分析演绎

分析演绎就是在一些假设或前提的基础之上，做出符合逻辑的推演，从而得出有关结论。这种方法是建立在强大的逻辑力量之上，从而推测出消费者的服务需求。

举个简单的例子。我们都知道，人总是趋利避害的，这是人性。基于这个人性的经验总结，我们就如同获得了一把推断消费者服务需求的钥匙。

### 4. 数据分析

数据是最有话语权的。很多企业会设立会员制，对消费者的档案和消费记录有较完整的记录。完全可以从收集的消费记录数据中，我们可以通过分析、归纳的方式，获得最客观、真实的信息，如消费者的消费动机、消费偏好、需求倾向等，从而明确需要为消费者提供的价值服务内容。

**5.KOL 观察法**

在消费者群体中，有一些人，他们在某一领域拥有十分专业的知识，有十分专业的见地，在人群当中具有很强的话语权。而且他们对新鲜事物充满激情和兴趣，总是能站在消费潮流的最前沿。他们可以说是消费者当中的"领袖"。这些人我们称其为KOL，即意见领袖。我们可以通过对这些人的言行、心理、互动等方面进行观察，从中发现他们眼下所需要解决的问题或需求。他们的服务需求，在一定程度上，也就代表了广大消费群体的需求。

通过以上方法，可以很好地明确我们需要为消费者提供的价值服务方向，从而更好地完善服务内容，满足消费者需求。

## 匹配营销渠道

营销渠道是企业产品或服务从生产者向消费者转移的渠道，也是企业实现盈利的重要路径。简单来说，营销渠道就是生产商的产品经过一定的社会网络，或代理商、或经销商卖向不同的区域，以达到销售的目的。

营销渠道的种类有很多，按照不同的分类方法，可以分为以下几种：

**1. 有无中间商划分**

营销渠道按照有无中间商可以分为直接分销渠道和间接分销渠道。

直接分销渠道，即生产者将自己的产品直接销售给消费者，简称为"直销""零层营销渠道"。主要方式如：上门推销、邮购、制造商自有商店。

间接分销渠道，就是生产者将自己的产品先卖给一个中间商，或者由这个中间商再卖给多个中间商，然后经过一层或多层中间商环节再销售给消费者，简称为"分销"。其常见形式如连锁经营、特约经销、零售货批发商从制造商进货等。

**2. 渠道新旧划分**

按照营销渠道的新旧进行划分，营销渠道分为传统营销渠道和新型营销渠道。

传统营销渠道，即使用传统营销工具的早期营销渠道。像代理商、批发商、零售商就属于该范畴。这种营销渠道受地域影响较大。

新型营销渠道，即使用新型营销工具（如互联网、移动互联网等）的现代营销渠道。如以电商为主的网络营销渠道等。这种营销渠道即使供需双方不见面，但产品也可以从供给方直达需求方。受地域影响较小。

一般而言，渠道越长、越多，企业产品市场扩展的可能性就越大。但与此同时，企业对产品销售的控制能力也就越弱、信息反馈的清晰度也就越低。营销渠道的正确选择，会直接影响到企业的收益与发展。

## 明确合作关系

这是一个"抱团取暖，合作共赢"的时代，企业能够与客户成功建立起长期合作关系。明确合作关系，也是设计商业模式的必备环节。

在与客户建立合作关系的过程中，要明确合作关系中的以下几点：

**1. 合作目的**

企业与合作伙伴之间建立合作关系，有相同的目标才能走到一起。这也是企业建立合作关系的关键。有的合作是为了使得项目有更好的实施和发展；有的合作是为了实现双方资源共享，使得彼此变得更大更强；有的合作是为了减少承担的风险、成本等。在合作之前，一定要明确合作目标。有了清楚的合作目的和目标，合作才能达成。

**2. 合作职责**

在合作关系中，合作双方还要明确各自的职责。职责不明确，不但容易在后期经营中出现相互扯皮的情况，还会影响商业模式的设计，以及后期的有序推进。

比如，某个电视台与某个冰红茶品牌合作，在黄金时段播出的时候植入该冰红茶品牌的广告。二者各司其职，电视台负责该冰红茶品牌的广告投放和曝光，冰红茶品牌则负责给电视台赞助。两者各得所需，双方均获得了相应的好处。

### 3. 合作利润

合作利润分成，是双方合作所关注的焦点。因为合作的利润分配与投入比例是成正比的。当然，在经营的过程中，投入也要发生变化，但也要根据后期资金或资源的实际投入情况，来分配投入产出的利润。

某个网游品牌和一款啤酒品牌合作，推广了一款联名礼盒，这款礼盒中包含了不同种类的啤酒和网游品牌的会员权益。网购平台和啤酒品牌合作，分别确定了彼此的投入和分成比例。此次合作不但扩大了彼此的影响力，还收获了各自想要的盈利。

### 4. 合作机制

正所谓：好聚好散。合作是为了共同的利益和目标，当有合作方想要退出时，就要明确投入比与退出比的比例。合理的退出机制，是建立合作关系时要考虑的一个重要组成部分。

在商业模式中，合作是一种必然趋势。要根据合作双方的特点，建立明确的战略合作关系，以便更好地设计多样化的商业模式。

## 设计商业模式

在前面几项工作完成之后，接下来就可以正式进入商业模式设计阶段。商业模式设计，要围绕三个方面来展开。

**1. 产品服务是否具有市场竞争力**

设计的商业模式，其产品服务是否具有市场竞争力是必须关注的点。产品服务是否具有市场竞争力，主要是从用户的角度去理解其核心需求。

比如，消费者对产品服务的需求是为了展示自身地位、品位和个性。例如星巴克的商业模式，即将店铺打造成一个宁静与舒适的消费环境，让消费者可以暂时忘记忙碌的生活，远离喧嚣，去喝上一杯散发着迷人香气的咖啡，尽情地感受生活的美好和温暖，让身心得到愉悦放松的同时，能够彰显生活品位。

再比如，消费者是为了便利性，容易购买或方便消费等，才会选择消费。例如，物美超市原本是一家传统线下连锁超市，为了迎合消费者追求便利性的消费需求，便重新设计商业模式，在做线下生意的同时，还做起了线上零售。消费者可以在线上选购商品，并完成支付，由配送员为消费者提供上门配送服务。消费者可以省去很多逛超市的时间和去超市的往返时间，直接在家坐等收货即可，十分便捷。

同样是做咖啡的品牌，相比于其他只走线下、线上商超的咖啡品牌，星巴克的产品服务更胜一筹；同样做零售生意，相比于只做线下的传统零售，物美超市的"线上消费，线下配送"模式更得人心。

设计的商业模式恰好能满足消费者的这些需求，我们的产品服务能给消费者带来好感的同时，还能赢得消费者的芳心，那么我们的产品服务就具备了市场竞争力。

**2. 产品业务是否有赚取利润的吸引力**

做生意的目的就是为了实现盈利。如果设计的商业模式，在产品业务方面具有很好的赚取利润的吸引力，那么这个商业模式是有利可图的，是成功的。

举个简单的例子。同样是做电商生意，淘宝、京东做的是线上购买，线下上门配送模式。

盒马鲜生则从生鲜市场入手，做超市+餐厅+电商的新零售模式。消费者不但可以线上购买商品，还可以在线下实体店购买生鲜之后，直接在其餐厅内现场加工，从而保证食材的新鲜度，让消费者能在第一时间吃到一口鲜。

与淘宝、京东的电商模式相比，盒马鲜生的产品业务更具赚取利润的吸引力。

**3. 产品业务是否具有市场发展的持续性**

商业模式设计的另一个重要方面就是要注重产品业务所具有的市场发展持续性。有持续性，企业才能实现可持续发展。

拼多多同样也是做线上电商生意，但它则侧重低价市场，基于熟人社交而推出低价拼团模式。这种模式与淘宝、京东的电商模式相比，在低价的强效吸引力下，产品业务基于熟人社交，能够为拼多多持续带来更多的流量，使得拼多多赚得盆满钵满。因此拼多多的这种商业模式更具市场发展的持续性。

商业模式设计并不是随意而为之，也并不复杂。设计理想的商业模式，企业需要关注以上三个方面的问题，把握好关键点，企业也就在市场竞争中有了核心竞争力和持久的发展力。

## 评估模式潜力

商业模式决定了企业如何持续经营和盈利。对一个商业模式的好坏、潜力进行评估，很有必要。

首先，对商业模式进行评估，可以查看企业所面临的内外环境对于企业发展的影响，并以此决定企业的短期经营计划和动作。

其次，对商业模式进行评估，还可以帮助企业找出模式中的不足之处加以修正和改进。

在评估商业模式潜力的过程中，应当围绕以下几个维度进行：

### 1. 是否可行

在评估一个商业模式的好坏和潜力时，首先要评估其可行性。如果不可行，一切都是徒劳的。这里的可行性，包括：

（1）资源的匹配性

设计完成的商业模式，一定要从企业的实际情况出发，判断自身所拥有的资源是否能支撑商业模式的正常运行，以确保商业模式的可行性。

（2）合法性、合规性

此外，还需要从商业模式的法律风险方面做评估，保证商业模式在运行过程中的合法性、合规性。

### 2. 是否值得

设计商业模式的目的就是为了实现盈利。商业模式需要的总投资额是多少？是否能为企业带来盈利？能为企业带来多大的回报率？成本回收周期是多少？这些才是判断这个商业模式是否值得去实施的重要因素。如果这些指数都较高，那么你设计的商业模式就是值得的，就是具有商业潜力的好模式。

### 3. 是否好做

在得知商业模式具有可行性、值得去实施之后，接下来就要去评估这个商业模式是否好做。换句话说，就是商业模式是不是能够容易上手去做。

对于以往的传统零售模式而言，需要办公场地和资金支持，然后还需要具有一定的商业管理能力，还需要很多的员工出去跑业务，十分耗费时间、人力、物力和财力。而且在实施的过程中也因为各种客观因素而存在很多难点。

社群团购商业模式，就十分容易上手。对于创业者来讲，社群团购商业模式可以零成本起盘。只要能够通过自己的人格魅力，聚合更多的粉丝用户，就在同一时间内实现与客户的一对多营销与销售，让他们积极买单。

### 4. 是否持久

评价一个商业模式成功与否的另一个方面就是评估其持久性。这里的持久性包含了：

（1）商业模式是否具有持久的盈利增长能力

商业模式不仅要考量企业如何获利，还应当考虑如何通过成本和优化资源配置来提高盈利的持久性。

这里我们看一个有关雀巢咖啡的一个商业模式。

雀巢咖啡成立于20世纪70年代。当时有一个工程师发明了胶囊咖啡。这一新品推出之后，所有人都觉得一定会大卖。但其销路不尽如人意。

直到一位新的总经理上任后，对公司的商业模式进行了全面变革。其胶囊咖啡的销量一路飙升。由于这款胶囊咖啡产品是包含一台咖啡机的，所以之前都是胶囊咖啡会与咖啡机一起售卖的。这位新任总经理设计的商业模式是这样的：将咖啡机的价格压到最低，让人们看到这样的价格，觉得十分划算，就会出手购买咖啡机。但购买咖啡机虽然成本很低，但如果将其闲置，就是一种资源浪费，必须搭配咖啡胶囊使用才能体现其价值。为此，这位总经理将胶囊咖啡的单位价格也放得很低，很多人会不断购买胶囊咖啡，从而使得雀巢公司能够源源不断地获得巨大收益。

雀巢咖啡的这种商业模式，低价出售高价值产品，降低胶囊咖啡的单位价格，让用户的价格敏感度越来越低，可以让用户去购买更多的胶囊咖啡。胶囊咖啡属于低值的易耗品。在这个过程当中用户不会觉得很贵，但是他们不知不觉地进行了大量的消费，而企业源源不断的收入也正是来自于此。显然，雀巢咖啡的这一商业模式有持久的盈利增长能力。

（2）商业模式是否能给企业带来持久的市场竞争力

好的商业模式可以为企业建立自身的差异化，并将这种差异化转化为企业的核心竞争力。但好的商业模式，总会吸引别人去模仿。如果你的商业模式具有较强的壁垒，别人难以模仿到你的精髓，那么这个壁垒就有效保护了你有利的竞争地位，商业模式也因此能为你带来更加持久的竞争力。

（3）商业模式的生命力是否能够持久

商业模式也是有生命周期的，包括初创应用期、探索优化期、持续盈利期和衰退重构期四个阶段。如果设计的商业模式无法进行迭代和进化，或者说没有做长远布局，企业就很容易被竞争对手干掉。好的商业模式，总是能在已有的基础上不断进行优化和迭代，有效延长自己的生命周期。

评估一个商业模式好坏，不能只从其是否能够为企业带来可观的盈利去一概而论，要从多维度去衡量。其他维度都能体现出其优异性，才能更好支撑盈利的转化。而且各方面评估都达标的商业模式，才可以称之为成功的商业模式。

# CHAPTER 6 第六章
# 优质商业模式设计技巧

成功的商业模式类型有很多种,推动了整个人类商业的发展。每个企业都希望自己能够拥有优质的商业模式,但它并不是一件简单的事情,不是拍拍脑袋就能获得的。它需要企业通过深入的思考和调研,并加以一定的设计技巧才能实现。

## 从产品变现转换到价值变现

在过去，人们习惯性地认为，只要为消费者提供能够满足他们日常所需的产品，只要产品质量过硬，就一定能赢得市场，赚取可观的盈利。

但如今，这一认知已经在市场中"不灵"了。消费者的购买需求已经超越了产品的使用需求，转而向价值的追求给予更多的关注。谁能够为自己提供更多的价值，就愿意与谁之间建立买卖关系，甚至成为其长期稳定的用户。

用户的这一思维，完全可以用于商业模式设计当中。从产品变现转变为价值变现，则是优质商业模式设计的第一条心法。

上海一家盲盒音像厅非常火爆。商家推出不同系列的套餐，如"我的快乐（内含1饮品＋1礼物）""单身贵族（内含2饮品＋2礼物）""小试牛刀（内含1饮品＋1礼物）""超级大盲盒（内含2饮品

+3礼物)""大富大贵(内含3饮品+3礼物)"等,不同的盲盒系列价格不同,盲盒里边的商品价值也不同。盲盒价格越高,盲盒里的商品价值也就越高。消费者可以选择套餐内数量的任意饮品,如咖啡、果茶,作为盲盒内的必备饮品。礼物则由商家随机赠送。消费者可能获得玩偶、水壶等礼物。这些礼物,在消费者看来,要远高于购买套餐的价格。这也正是该店火爆的原因。

很多人对于盲盒里边的商品究竟是什么并不清楚。但正是因为这种神秘感、期待感、价值感,驱使消费者非常乐于体验,他们的关注点已经不在于产品本身,更多的在于价值体验。

因此,成功的商业模式,关键之处在于对价值的设计。这个价值设计,并不限于产品本身,还可以做其他方面的延伸。只要能体现出价值,只要能超出消费者预期,自然能有效提升企业的变现能力。需要注意的一点就是,商业模式中设计的这个价值,一定要让消费者十分直观地看得到、感受得到。比如获得高于商品价格的礼物、优质的服务等。否则,这个价值想要得到变现,还是存在一定的挑战。

## 建立与顾客的心理连接

消费者购买你的产品，愿意为你的产品买单，一定是有原因的。就好比我们买一件衣服，要么是因为穿上显得年轻，要么就是衬得自己气色好，要么就是款式新颖，要么就是穿上显瘦……想要让消费者积极购买，就在于我们的产品正好与消费者之间建立了一个迎合消费者喜好的心理连接。能够迎合消费者喜好的模式，会很好地增加消费者的好感，也就意味着增加了消费者购买的概率。

如何建立与消费者的心理连接呢？

### 1. 情感连接

随着用户需求的不断升级，智能化、服务化、情感化需求日益明显。情感共鸣成为企业连接用户、消费价值认同的一个重要的点。在认识到这一点的重要性之后，很多在用户情感需求方面高度耦合的商业模式也开始涌现。

情感连接的几个方面如下：

（1）构建场景画面

场景画面的构造，也是商业模式设计过程中不能忽视的一部分。有个性、有特色的场景画面，可以传达画面表达，可以起到很好的情感烘托效果。

武汉有一家地理位置优越的围炉煮酒露营餐厅就深谙这一点，于是创造出以价值创造为核心的情感场景体验商业模式。为了便于吸引更多的消费者，该餐厅以露营灯、多变围炉桌、简易躺椅、置物架等常用露营物品，打造了户外露营场景。而且不管是菜品的摆盘还是店内的整体装修风格以及细节部分，都做得很好，非常有氛围感，给消费者一种沉浸式露营休闲体验。消费者可以三五成群，结伴而来，在露营场景中感受围炉煮酒的惬意，也在社交氛围中感知到了这家餐厅的温度。

在当前产品愈发同质化的当下，企业经营不但要考虑目标群体的需求，还应当从他们的需求背后多加思考和感知。能够获得消费者生活方式的认同和情感上的共鸣，很重要。露营对于那些生活在高楼林立、远离自然风光的大都市的人来讲，是一件可望而不可即的事情。这家餐厅却在室内搭建露营场景，满足了消费者远离喧嚣，获得与友人、家人共享美好时光的情感体验。

情感是一个载体，是将企业与消费者连接的重要因素。注入与消费者的情感连接，才能给商业模式注入强生命力。

（2）情感表达输出

每个人都有自己的情绪，也都有想要表达情绪的需求。因此，洞察用户情绪，戳中用户情绪点，同样可以作为情感联结，引发情感共鸣。

比如个性化定制模式。很多高端人士喜欢用产品、服务来体现自己的个性化，此时，我们"关注用户情绪"就变得尤其重要。融入用户的主流价值观、个性化定制产品或服务，就是重要的情绪标签，是很好的用户情绪表达的方式。

（3）设计交互入口

人与人之间的情感连接，需要通过交互来完成。在设计商业模式的时候，要放宽交互入口，使得情感连接的渠道更加多元化。

比如，如今很多做电商生意的商家，会在短视频平台开辟账号，通过拍摄与产品相关的短视频内容，以及做直播带货的方式，来全面拓宽与消费者的交互渠道。

### 2. 信任连接

人与人之间建立关系，最重要的就是信任。对于企业来讲，无论哪一种商业模式，与用户之间建立信任是一大难题。有了信任，就能有效提升传播效率，增加流量，进而达到获利的目的。那么如何解决信任难题呢？

在这个去中心化的时代，人们接受信息的方式无须再依靠大型媒体。因为我们每个人本身都具有社交属性，也都是一个社交中心，基于人与人之间的信任，可以借助一个社交平台，通过好友推荐、好友助力等方式，为企业带来流量裂变和变现。比如拼多多的拼团、砍价模式、社区团购模式等，就是基于信任连接而设计的商业模式。

### 3. 服务连接

如今，消费者购买的不仅仅是产品，而且十分注重服务体验。同样的产品，谁的服务更加贴合自己的需求或者超预期的服务，谁就能得到更多消费者的认同。

比如，同样是线上电商生意，同样是线上购物，然后为消费者配送上门的模式。消费者更加愿意选择那些能做到"小时达"的平台去消费。这些平台除了可以做到传统平台所作的一切，还可以在半小时内送达，可以按照消费者所选择的时间段配送。对于那些上班族来讲，只要利用通勤时间去购买，到家后即可收到新鲜食材，并直接用食材做出美味的晚餐。而不是像传统电商模式一样，等收到食材已经是购买好几天之后的事情了。

以上就是商业模式建立与顾客心理连接的方式。当然，这种链接不是一蹴而就的，是需要企业花时间去深入洞察消费者需求，并耐心思考和创新出来的连接。没有温暖，也就没有爱。如果我能够真正给消费者一份惊喜，他们的内心就很容易被点燃，消费也就自然而然地发生了。这就是商业模式赢得消费者的一种捷径。

## 用户利益至上

在以往，生意人总会觉得，用户就是自己的对立面。商家要赚钱，获得更大的发展，就要从消费者身上多挤压一点。只要让利消费者，自身盈利就会受损。但事实上，基于这种思想设计商业模式用于企业经营，只能让消费者与我们离得越来越远。

俗话说："天下熙熙，皆为利来；天下攘攘，皆为利往。"消费者做出购买决定，其实说到底也是为了一个"利"字。所以，在设计商业模式的时候，我们不仅要考虑利益相关方能够获益，包括企业自身获利，企业合作伙伴等获益，还应当考虑如何满足消费者需求，如何让消费者获益。甚至要将消费者利益放在企业利益相关方的地位之上。消费者获得的利益越多，才会心甘情愿地与我们产生更多的交易。这样，设计的商业模式才能为我们创造更多、更大的价值。

如何做到用户利益至上？要谨记两个方法：产品价格便宜、超预期用户体验。只有为消费者着想，我们才能像磁铁一样牢牢吸引消费者。

比如，免费模式，就是一种典型的以"用户利益至上"为核心的商业模式。企业通过提供免费的产品或服务，让消费者感觉自己"占了便宜""获了利"，从而快速、有效地扩大了用户规模，提高了用户的黏性和忠诚度，进而为企业带来更多商业机会和利润。

我们常见的免费模式，如三大移动通信公司，为了吸引用户，推出"买手机卡免费送手机"的商业模式。这种商业模式下，手机的价值要远大于手机卡的价值，消费者自然感觉这样的买卖做得很值，能让自己获利。移动通信公司也用一部免费的手机，换来了用户长期充话费消费的收益。

很多时候，我们在设计商业模式的时候，考虑的是自身利益的最大化，忽视了一个重要问题，那就是利益的最大化，是需要将供需双方放在一个相对平等的位置上去考虑，需要站在全局的立场上去思考。要明白，企业与消费者之间其实身处同一个生态系统。用户获益，才是整个系统顺畅运行的基石。

## 变现效率高效化

企业设计商业模式的最终目的就是为了实现可观的变现，不能变现的商业模式，只能叫作关于商业模式的梦想。

什么是变现？变现，更加直白地说，就是"变钱"。也就是通过商业模式将看得见、摸得着的产品，或摸不着的服务，变为看得见、摸得着、可使用的资金。只有变现，才能维持一个企业正常、持续运作，获得长足发展。但借助商业模式变现，也不能低效或迟缓，这样的商业模式注定不成功。高效变现，才是王道。

那么商业模式实现高效变现可以从哪些方面去做呢？

**1. 价值产品化、服务化**

商业模式的变现，其实是价值的变现。有价值的产品、服务，才能走进消费者心里，加快变现速度。因此，我们所创造的价值，一定要通过产品或服务来呈现给消费者。换句话说，产品、服务作为价值的载体，让消费者从购买的产品、享受的服务体验中感受到价值的存在。同时，只有将价值转变为产品或服务，才能通过产品或服务间接为价值定价，从而加速商业模式的变现。

**2. 交易过程简单化**

在当前人们时间碎片化特点越来越凸显的年代，人们很难有足够长的时间去专注于一件事情。要想提升变现速率，简化交易过程，也是一种很好的实现方式。交易过程变得简单化之后，消费者做起来才更加便捷和轻松，交易过程自然会因此而变得高效起来。

比如，传统线下购物，消费者最苦恼的就是结账排长队。阿里巴巴的线下无人超市则很好地解决了这个问题。该超市借助传感器和摄像头来捕捉消费者挑选和拿取商品的动作，对消费者选购的商品则直接放入购物车内，并生成账单。账单将通过绑定的银行卡自动完成支付。在消费者走出超市的那一刻，整个交易过程也就完成了。阿里巴巴的这种商业模式在科学技术的加持下，交易过程变得更加快捷化、高效化。

### 3. 支付渠道多元化

市场竞争日益激烈，单一的支付渠道已经不能满足消费者的支付需求。多元化的支付渠道，可以为消费者提供多种支付选择。不要因为支付渠道受限，而在交易面对临门一脚的时候而受到影响。因此，可以在设计商业模式的时候，多开辟几个支付渠道，如银行卡支付、微信支付、支付宝支付等。

很多企业在设计完商业模式之后便开始埋头苦干，看似收入增长了，但回头才发现，产品、服务变现速度极为缓慢，而且还因此而导致现金流问题，使得企业陷入不健康的发展状态。提升变现效率，才是商业模式设计的核心。

## 接入更多的利益相关者

前面我们就讲过，这是一个竞合时代，单枪匹马闯荡市场这个巨大的江湖，一路走来会困难重重。不但难以实现攻城略地，甚至还会因此而快速被市场所淘汰。

在设计商业模式的时候，要尽可能拉入更多的利益相关者。抱团合作的人越多，能满足消费者需求的力量才越大。员工、股东、供应商、物流、广告商、同业或异业联盟伙伴等，这些都是利益相关者。

当然，大家都是为了一个"利"字才愿意与我们聚合在一起的。所有人都获利了，都基于设计的商业模式获得了更多的商机和更大的回报，才有继续合作的可能。因此，我们要观察和思考这些利益相关者的需求究竟是什么？彼此之间能够交换到什么样的利益和价值？然后将他们连起来，形成新的价值网络。

淘宝的商业模式中，聚合了众多利益相关者。以淘宝开辟的飞猪旅行板块为例，其合作伙伴融入了酒店、机票、火车票、汽车票、门票、民宿、出租车、旅游保险、旅行购物等多方合作伙伴，每个利益相关者都是一个点，连接起来形成了一个巨大的价值网络。旅游的消费者只要触及到其中任何一个点，都可以为它们带来连锁的系列反应。

一个商业模式，能够接入更多的利益相关者，能够让这些利益相关者尽可能获得更大的收益，这个企业才有做大做强的机会。

## 对内可复制，对外有壁垒

一款好的商业模式，往往会吸引同行羡慕的眼光，同时也会引来同行的相继模仿、跟风，这些都是不可避免的。有的企业短期内凭借商业模式在市场中获得了一席之地，甚至成为了行业中的一匹黑马。但在其他同行复制之后，整个市场经过新一轮洗牌，就会有别的企业出来占据市场，成为市场竞争中新的黑马。原先的黑马也就失去了市场竞争优势，进而面临存活问题。

事实上，真正好的、成功的商业模式，是企业内部可以实现模式的复制粘贴，企业外部的同行只能模仿，却难以复制。简单一句话就是：对内可复制，对外有壁垒。

### 1. 对内可复制

一个企业的发展，总归是一个从小到大、从大到强的成长过程。这个壮大、变强的过程，主要是源于企业可以被高效复制的商业模式。可复制的商业模式，就是企业经过多次验证，可以在不同时间、不同城市的分店、子公司等，都能轻松复制和实施的商业模式。

具有内部可复制性的商业模式，具有以下优势：

（1）稳定性强

具有可复制性的商业模式，在不同的分店、连锁店、子公司可以通用。一旦确定之后，就可以直接在不同的门店、子公司复制。

（2）易于操作

这样的商业模式的可行性、易于操作性是经过前期做过多次试验而获得的，在实施复制的时候，不受地理位置限制，可以轻松完成。

（3）降低成本

具有可复制性的商业模式，可以在企业内部重复操作，企业可以因此省去很多商业模式设计成本。

（4）提高收益

通过复制，可以帮助企业在短时间内快速实现规模化，能有效提高企业占有的市场份额，达到提高企业收益的目的。

那么如何确保商业模式的内部可复制呢？内部可复制的商业模式，成功的关键因素就是要全局考虑。企业借助商业模式实现从1~N的扩张，需要考虑的因素有很多，包括产品、用户、流量、转化、营销、团队结构等。这些因素共同决定商业模式的可复制速度。

连锁品牌门店是常见的内部可复制商业模式，如连锁酒店、连锁超市、连锁电影院等，我们走到很多城市都能看到相同的店。连锁经营模式，强调的就是统一管控、产品研发保持一致、店铺装修风格统一、运营流程相同、营销策略统一等。

## 2. 对外有壁垒

商业模式被别人模仿是不可控的事实。面对这样的情况，我们该如何面对？答案就是构建商业模式壁垒。商业模式壁垒，就是对企业的一种保护，可以防止企业客户流失，同时也能保证企业不被竞争对手轻易抄袭。或者说，别人可以模仿，但难以学会精髓，难以借助模仿的商业模式在市场竞争中取胜，这才是商业模式设计的关键点。这就是我们常说的："画虎画皮难画骨"。

如何为商业模式构建壁垒？

（1）构建独特价值主张壁垒

一个强有力的价值主张，能够帮助用户解决他们遇到的问题，是我们能够说服消费者选择我们的重要力量。在构建商业模式壁垒的时候，应当首先构建独一无二的价值主张。这种价值主张是同行所难以模仿的。

小米汽车虽然是新能源汽车的后来者，但一旦发布，就快速成为新能车的爆款。小米汽车就是通过科技创新与智能化服务，构建了独特价值和品牌形象。其以高品质、新形象、智能化、环保节能为核心理念，提供超越同行的驾驶体验，打造独树一帜的品牌形象，赢得消费者青睐，构建难以模仿的市场优势。

（2）建立用户壁垒

用户壁垒，就是企业通过技术、服务、优惠等手段来建立一种障碍，使得用户对企业形成难以割舍的依赖。比如，定制化服务可以根据用户诉求，为用户量身定制产品或服务，这样可以大大增强用户对我们的黏性和忠诚度。有了这样的用户，竞争对手即便模仿我们的商业模式，也难以真正模仿成功。

（3）建立产品优势壁垒

产品模式是商业模式中的一部分，所以在设计产品的过程中，要借助技术创新形成核心产品优势，包括成本优势、速度优势、超预期体验等，并对产品优势申请版权、专利，对产品进行保护。有了这样的壁垒，竞争对手就无法轻易模仿。

戴森的产品以"高科技、高颜值、高价格"著称，经常出现"上架即售罄"的情况。这主要是归功于戴森成功的商业模式。戴森在做产品研发的过程中，会去挖掘既有产品的消费痛点，然后会采用颠覆式创新去解决这些痛点，最终研发出令消费者惊艳的产品。戴森产品的售价是市场中同类竞品售价的10倍以上，但产品依旧能够热销。为了防止竞争对手跟风模仿自己的商业模式，戴森针对自己的产品，包括吸尘器、电吹风、无叶风扇、电动牙刷等，做了专利保护。戴森的这种做法，很好地遏制了竞争对手的侵权，有效维持了自身的高营收和高利润。

同样是圆形的车轮，可以用不同的尺寸和材料去制成。用竞争壁垒来设计商业模式，也许竞争对手可以复制商业模式之术，但难以复制商业模式之道。这样可以降低商业模式被复制后给竞争对手带来业务增长的机会。

CHAPTER 7　第七章

# 商业模式创新设计破局方向

在市场竞争极为激烈的时代,商业模式的变革速度越来越快,企业需要不断创新商业模式,才能更好地适应市场,实现盈利的持续增长。但很多企业苦于无法找到商业模式创新的突破口。明确正确的破局方向,才是商业模式创新的关键。

## 打破陈规：打破思维定式才能有效创新

任何事物的创新，都是一次对传统束缚的突破。很多时候，我们的思维被太多的条条框框所限制，这样我们永远难以进步。商业模式创新，更要打破陈规，勇于创新。

打破陈规的一个首要步骤就是打破思维定式。传统思维在市场大环境处于某一个时间段的时候适用，时代是向前发展的，企业如果一成不变地坚持某种思维和做法，不去探索新的商业模式，就会错过新的发展时机。

解决这一问题，就需要企业从以下几方面入手：

### 1. 强化创新意识

创新是企业发展的核心，创新意识则是创新的基础。只有企业全员树立创新意识，才能很好地推动企业商业模式的创新，提高企业在市场中的竞争力。要知道，一个企业，谁在市场经济中能够不断保持创新，不断开发新型商业模式，谁才能创造出新的竞争优势，才能够获得长足发展。

### 2. 培养创新团队

创新是一件永不停歇的事情，培养创新团队，才能让创新这件事情持续进行下去。因此，企业应当加强创新人才的培养，培养具有创新精神的人才。

### 3. 创新企业文化

企业文化是企业创新的重要保障。企业创新文化，才能激发员工的创新热情和创新意识。

### 4. 挖掘创新潜力

人才是商业模式创新的不竭动力，技术是商业模式创新的基石。任何可用的人才、技术都应当充分重视并加以利用起来。为此，企业可以通过建立创新文化，鼓励员工敢于尝试新鲜事物；推行创新激励机制，激励员工的创新思路和方案，从而提升员工的创新积极性。

### 5. 拓展市场机遇

我们平时应当多了解用户需求，这是拓展新商机的重要依据，为创新商业模式提供更加科学的依据和方向。然后以用户需求为出发点，大胆创新，寻找与其相匹配的商业模式。

海底捞可以说是餐饮服务行业中的领军品牌。相信去过海底捞的人都对海底捞有极其深刻的印象，海底捞服务员以最热情的服务态度和行动，为每一位前来就餐的顾客提供细致入微的就餐服务：

每到饭点的时候，海底捞总会有很多顾客排队等候，为了解决顾客等待时所产生的苦恼，海底捞会为其提供扑克牌、象棋、围棋之类的休闲服务来打发等待时间。并且还会为顾客提供免费美甲、擦鞋等服务。有些大规模的海底捞店面还会为顾客提供电脑上网。当顾客进餐的时候，海底捞还会提供更加贴心的服务，为戴眼镜的顾客提供擦镜布，为长发女士提供小发卡，以免影响顾客进餐。更贴心的是，海底捞还在卫生间提供开水龙头、挤洗手液、递擦手纸等专人服务。这样的极致服务是其他服务行业所无法比拟的，让每一位前去就餐的顾客都感受到了家一般的温暖，因此为之津津乐道，赞叹不已。

海底捞能够将人性化服务模式的创新设计做到极致，重点就是在时刻就餐的每一个旅程触点都能从用户需求出发。

### 6. 逆向思维

在别人都向着同一个方向冲向竞争目标时，我们不妨用逆向思维去换个方向奔跑。这样，你前行路上只有很少或者几乎没有竞争者，跑起来也便于提速，加速奔向成功的彼岸。商业模式创新，也需要这种逆向思维去打破陈规。

比如，绝大多数人买橘子，都会问老板一句："橘子是甜的还是酸的？"然后老板回答是甜的或者是酸的。很多人听老板说甜的，其实自己想买酸的；听老板说酸的，其实自己想买甜的。于是，生意就这样错失了。我们完全可以用逆向思维去做生意，先一步去问顾客："请问您想要酸的还是甜的橘子？"在获得顾客回答之后，如果你的橘子与顾客口味需求相反，就可以为他们推荐其他与其口味相符的产品。这样顾客觉得你很诚实，不欺客，日后有需要必定会复购。这就是逆向思维。

不破不立。商业模式创新，首先就要敢于打破陈规，然后根据当下以及未来的市场趋势发展而随机应变，迭代更新。

## 解决痛点："痛点"是商业模式创新的"支点"

企业无论对商业模式进行什么样的创新，终极裁判只有一个，那就是用户。商业模式设计和创新，就是要将手中的权力交给用户，让用户通过企业所传递出来的价值是否能满足自身需求来做出最终的选择。

企业能够明白这一点，那么做商业模式创新也就有了明确的方向。

任何商业模式的成功，一定是用户价值定位的成功。进行商业模式创新，要将用户价值需求放在第一位。需求，通常是由用户的痛点所引发的。解决用户痛点，则是商业模式创新的一个有力支点。

所谓"痛点"，就是用户尚未被满足，而又被用户广泛渴望的需求。因为某方面的不合理、需求没有被满足，所以使得用户感到难受、憋屈、痛苦。只要被提及，用户就会感觉被戳到了痛处。

以"痛点"为商业模式创新的突破点，需要根据以下步骤来完成：

**第一步，挖掘痛点**

如何挖掘、把握消费者的痛点变化趋势，则是企业在商业模式创新路上的一个必须解决的问题。

用户痛点挖掘分为隐性痛点挖掘和显性痛点挖掘。以下是几种高效精准挖掘用户痛点的方法：

（1）显性痛点挖掘

显性痛点，即用户能自我感知，并可以用语言、行为表现出来的痛点。

比如，早晚高峰上班族打不到出租车，这就是一个显性痛点。也正是如此，出现了滴滴打车以及对原有路边打车模式进行了创新，推出了线上叫车商业模式。

①与用户交流和提问

向用户提问是一种最简单直接挖掘用户痛点的方法，向用户提问，最重要的就是能够与用户敞开心扉轻松地去交谈。在提问的过程中，发现用户痛点。

需要注意的是，在提问之前，要事先准备优质的访谈大纲、引导性话术。在访谈过程中还需要做好相关记录。

②倾听用户心声

我们可以在商品评价区、短视频评论区，甚至微博、百度知道、百度贴吧等地方，主动去倾听用户的心声。在这里，那些抱怨、期待的声音，恰好就是隐藏在他们内心深处，让他们感觉到"痛"的需求。

③数据分析

我们还可以对用户数据，包括页面浏览次数、停留时间、购买频次进行收集和分析，并根据分析结果，找出用户的关注点和痛点。

④竞品分析

通过对竞争对手的产品和服务进行分析，找出用户对其不满意的方面，从而了解用户的痛点。

（2）隐性痛点挖掘

隐性痛点，即用户几乎无法自我感知的痛点。这种痛点是用户不敢想象、不敢奢望的一种需求，甚至对于用户来讲，是一种不合理、不合逻辑的需求。隐性痛点，就像是隐藏在水下的冰山，不易被发现，却切切实实地存在。

显性痛点靠观察，隐性痛点则靠洞察。隐性痛点是需要透过表象背后的人性，看到更加深层次的痛点。

100多年前，福特公司的创始人亨利·福特先生在问及客户需要什么样的交通工具时，客户的回答几乎都是："我要一匹更快的马。"

相信，很多人听了这样的回答之后，一定会立刻跑去马场挑选优良的马去配种，以满足客户的需求。但是福特先生并没有像绝大多数人做的那样，而是继续向客户提问："你为什么需要一匹跑得更快的马？"客户回答："因为这样我就可以更早到达目的地。"福特继续问道："所以，你要一匹更快的马的真正目的是什么呢？"客户回答："用更少的时间、更快到达目的地。"

问到这里，福特先生也从客户的问答中，洞察到了隐藏在客户需求背后的人性——趋利避害。只要有有利于自己的东西、工具，没人愿意要不利于自己的东西，没人愿意用费力的工具。也正是如此，福特直接跳过马车，对产品模式进行了创新，推出了体验更加舒适、行驶更加快速的汽车。

**第二步，解决痛点**

在挖掘到痛点之后，就可以根据用户痛点，再借助技术手段，在商业模式创新设计当中，融入痛点解决方案，让用户感受到你的价值。

需要注意的是，挖掘用户痛点是一个不断迭代的过程，需要不断了解用户的痛点，确保经过创新设计后的商业模式的实施效果。

## 用户体验：体验感是创新的核心

在谈及商业模式设计和创新时，人们最容易想到的就是如何让自己最大限度地赚取利润、占有更大的市场份额。对于客户体验往往却被忽视掉了。

用户购买产品，除了会考虑产品功能、工艺、价格等，最在意的就是价值。用户体验则是用户衡量产品价值的一个重要因素。如果我们在不注重用户体验的前提下去做商业模式创新，即便我们的产品品质再过硬，用户体验不好的话，创新之后的商业模式，依旧不能为企业增强用户忠诚度，不能带来好的收益。

为了提升用户的购买意愿，为了提升商业模式的实施效果，企业做商业模式创新，需要注意用户体验的重要性。以优秀的用户体验为商业模式创新的基点，能够为企业带来以下好处：

第一，增加用户黏性

用户体验良好，企业才能将用户牢牢黏住，使其成为企业的忠实用户。而且，用户还会因为良好的体验感受而主动承担起免费代言人的角色，为企业以及产品、服务等做推广。口碑传播的力量是惊人的，能为企业带来更多用户，降低引流成本。

第二，强化品牌价值

优秀的用户体验，可以提升用户对企业品牌的满意度，建立良好的品牌形象，增强品牌在用户心中的价值。可以说，用户体验是企业影响用户心智的价值连接。

在商业模式中如何聚焦用户体验创新呢？

**1. 从用户需求出发**

接受体验的最终对象是用户，体验好不好，用户说了算。设计什么样的体验，还需要从用户需求和喜好出发。可以通过市场调研、用户访谈、数据分析的方法来了解用户需求。在这个基础上，企业才能有针对性地对商业模式做出更好的创新和优化。

传统的旅游住宿模式下，消费者入住酒店有很多需求点难以得到满足：在旅游旺季，消费者可以说是"一房难求"；入住酒店费用高，且装修风格给人冷冰冰的感觉，没有家的温馨感……

Airbnb作为一家备受青睐的短租平台，从传统旅游行业中找到消费者的痛点，进行商业模式创新：

第一，将那些闲置的房屋资源聚集在平台上，有效解决了旅游旺季"一房难求"的问题。

第二，为消费者提供高性价比的民宿，打破千篇一律的格局，设计出不同的房屋风格，满足不同消费者的喜好。

第三，除了必备陈设、卫生清洁等房屋品质维护方面做到与传统的酒店无异之外，还尽量在细节处做得详细周到。比如，每间出租房都会给客人备有烘干洗衣机、消毒液、洗衣液、洗漱套装、卫生巾、应急救护包、针线包、儿童餐椅、小宝宝用的摇椅、宝宝浴盆、换尿布用的垫子、雨具、逃生指南等。这些贴心的服务，给每一位前来入住的客户都带来了极好的入住体验。

第四，房主还会与租客进行深入沟通和交流，充分洞察到租客的喜好和需求，进而为租客提供更加符合其需求的周边旅游景点指南，让租客在享受美好的住宿环境的同时，也能够不虚此行地在各个符合自身喜好特点的景点去享受大自然的美好。

Airbnb打破传统旅游业的商业模式，从用户需求出发，进行商业模式创新。这种全新商业模式为消费者提供更加优于传统酒店的服务，使消费者获得了极佳的消费体验，Airbnb也因此成为全球知名的深受大众喜爱的短租平台。

## 2. 只做第一，不做第二

回顾一下当前的市场，商业模式同质化严重，造成的结果是，大家之间都差不多，最后只能将差异化落在价格上，形成了恶性价格竞争。

如果细分领域已经有强劲的对手，无法做到第一，那就在一个新的细分领域，让自己成为第一。用户体验创新，同样要记住，只做第一，不做第二。

Hubo是国外的一家五金连锁企业，这家五金店的与众不同之处就在于，除了为消费者提供各式各样高质量产品之外，还专门为各类DIY爱好者提供五金器具和物料，让消费者获得更好的DIY购物体验。这一模式，让那些有一时心血来潮的爱好者，以及充满兴趣和激情的能工巧匠前来体验，由此也使得Hubo的销量与以往相比得到了快速增长。Hubo的这一创新用户体验模式，在行业中可以说是"第一个吃螃蟹的人"，成为了很好的典范。

一个品牌的用户体验，只有在别人未涉足的细分领域抢先一步占领高地，才能赢得消费者的青睐，在众多竞争对手当中唯独对你的品牌情有独钟。

每个消费者心里都有一杆秤。用户体验的感受和评价，直接决定了企业用户体验是否做得好，做到用户心坎上。毕竟，走心的用户体验，才能做得长久。总之，在这个以用户为中心的时代，商业模式的创新，离不开用户体验的创新。以创新用户体验，带来商业模式的变革和创新，是企业差异化竞争取胜的关键。

## 模式延伸：原基础上小范围创新更容易成功

如今，企业的经营模式已经从传统的静态模式逐渐变为了动态变化的模式。企业从初创开始，规模逐渐扩大，这往往需要高效的供应链体系和精细的管理制度做支撑。在企业规模扩大到一定程度之后，商业模式是否能依旧支撑企业的运营，决定了企业能否长期发展。对商业模式进行创新，可以很好地解决这个问题。在原有商业模式基础上小范围创新，是支撑企业能够以更大规模有效运营，并长期处于利润增长状态的关键。

世界上那些成功的商业模式，往往不只是从始至终都是单一的商业模式，而是能够通过创新，对商业模式进行不断改良和重组，以达到不断扩展市场份额的目的。

如何实现在原商业模式的基础上进行小范围创新呢？答案就是根据用户需求，在原有商业模式的基础上进行业务的新增和变换。

以海底捞为例。海底捞是以线下门店起家的餐饮品牌。海底捞对原有的线下销售商业模式进行了小范围业务拓展：将原有的固定门店销售模式变为流动式夜市地摊摆摊模式；在店内消费，顾客需要为锅底和小料付费，而摆摊虽然跟店内堂食菜价相同，但没有锅底和小料的费用；不必为顾客提供堂食空间和桌椅，顾客即买即走等。

海底捞沿袭原有线下经营的商业模式，并在其基础上进行业务拓展。这么做，是因为夜市上的人群跟海底捞的潜在客户群是高度重合的。海底捞的主要客户群体偏向于年轻人，逛夜市的人也大多数是年轻人，而且他们喜欢边逛边吃，两不耽误。由此来看，夜市摆地摊模式对于海底捞来说，也是一个很好的商业模式创新方式。

在商业世界里，没有被淘汰的行业，只有被颠覆出局的企业。通过在原有基础上对商业模式进行小范围创新，可以让企业破局突围，获得更好的发展活力。

## 学习借鉴：正确的借鉴是创新的阶梯

每个行业都不乏优秀的商业模式，很多企业在看到同行凭借创新优秀商业模式而赚得盆满钵满时，也会心动，进而去复制别人的优秀模式。

要知道，复制商业模式容易，但难以复制别人的合伙人团队和独有的资源、能力。因此，单纯的、原封不动的"拿来主义"，虽然表面上看似企业自身的商业模式是在一定程度上获得了最快的创新，但实际上可能并不适合你，并不是有效的创新。

真正有效的商业模式创新方法，就是学习借鉴。如何学习借鉴呢？正确的做法就是：一模仿，二改良。模仿+改良=超越。

简单来说，就是根据成功企业的商业模式模型，结合自身具有的合伙人团队力量、核心资源、自身能力，做出调整和微创新，从而创造出适合自己的商业模式。

比如，同样是做线下零售生意，作为社区生鲜超市，我们可以将别人的商业模式借鉴一下，模仿别人的早上7:00~8:00的早市，晚上19:00~20:00的晚市，在早市和晚市，都以一定的折扣价销售。

考虑到自身处于社区的实际情况，前来购物的都是社区周围的居民，他们有的时候下班回家较晚。另外，时间越晚，生鲜的新鲜度越差。为了满足居民的需求，为了保证价格与产品在居民心中的合理性，我们可以在模仿别人商业模式的同时，对其进行改良，比如：凡是生鲜产品，每天晚上7:00之后，每过1小时降低一折，每天晚上截至23:00结束。

这样改良式创新，带来的好处是：

1. 使得供应链商品批次降价销售，可以尽可能地降低损耗增加效益，确保超市能获得源源不断的现金流，持续获得可观利润。

2. 以不同的价格购买不同新鲜程度的产品，满足了消费者消费的合理性心理。

3. 对于绝大多数超市，在晚上九点就停止营业了。打折活动到晚上十一点结束，延长了销售时间，方便了下班回家晚的居民，也间接地增加了超市的坪效效率。

最厉害的商业模式创新，就是学习借鉴别人优秀的商业模式。在我们自身缺乏经验和点子的时候，要从自己原来的商业模式中走出来，走出去多看看，去发现谁家的商业模式好。

找到对标的优秀企业，以其优秀的商业模式为起点进行模仿，再结合自身情况和特点加以改良，同样可以实现商业模式的颠覆性创新。这种建立在别人已经成功商业模式的基础之上进行的创新，更容易成功。

# CHAPTER 8 第八章

# 优秀主流商业模式落地方法

学习商业模式设计的最终目的,就是为了创新出优秀的商业模式,帮助企业在市场竞争中有效提升核心竞争力,进而成功跻身行业领跑者地位。学习和分析当下优秀主流商业模式的落地方法,可以帮我们更好地打开思路,提升商业模式设计的创新能力。

# 免费模式：吃小亏，赚大钱

随着企业思维模式的不断转变，很多企业开始尝试免费商业模式。因此，免费模式遍地开花，在各行业都能看到其身影。在实际经营过程中，不得不承认，"免费"真的具有很强的吸引力，为企业换来了更多的流量和收益。可以说，免费模式就是一种"吃小亏，赚大钱"的模式。

### 1. 玩法介绍

免费模式就是指在销售产品或服务的过程中，采用不收取任何费用的方式来吸引消费者。很多人对于免费模式并不能很好地理解其背后的商机。这里介绍免费模式的几种常见玩法：

（1）主产品收费，副产品免费

"主产品收费，副产品免费"是常见的免费模式。通常是因为主产品与副产品关联性十分紧密，有了主产品，副产品才有适用价值。换句话说，有了主产品，副产品才能使用。这种模式是为了通过免费的副产品来提升主产品的销量。

比如,买手机免费送电话卡,或者免费送话费;买剃须刀,免费送刀片。

(2)产品收费,服务免费

这种模式为用户提供与产品相关的免费服务,达到售卖产品的目的。

比如,买产品免费送运费险,免费提供上门安装服务、免费提供售后服务等。

(3)产品免费,服务收费

免费模式的另一种形式就是"产品免费,服务收费"。用户可以免费使用产品,但需要为产品相关的服务缴纳费用。这一模式的好处在于,借助免费产品可以在用户当中赢得良好的口碑,进而提升品牌知名度。

例如,电信公司有的时候会推出办手机卡送手机的活动。这就是典型的产品免费,服务收费模式。

(4)购物收费,体验免费

"购物收费,体验免费"模式,是当前最受消费者欢迎的免费模式。消费者对于一件从未使用过的产品，在决定购买之前对产品的使用体验毫不知晓，免费体验可以让他们获得对产品使用好坏的最直观感受，从而做出购买决策。该模式重点在于借助免费体验来吸引消费者花钱购买。

比如，消费者可以先免费试穿衣服，如果试穿体验感好，可以购买，试穿不满意可以不买。再比如，免费试吃、免费试用等。

（5）先免费，后收费

"先免费，后收费"也是十分常见的免费模式。先免费，可以很好地吸引消费者使用产品或体验服务，在对产品或服务形成好感或者使用上瘾之后，自然会心甘情愿地购买产品。

屈臣氏会为每一位顾客免费提供产品的试用装，甚至还为顾客免费提供一次化妆预约服务，让消费者免费体验产品效果，帮助顾客更好地挑选适合自己的化妆品。

（6）限定免费，超出收费

还有一种免费模式，是"限定免费，超出收费"模式。即在一定时间内、一定数量内、一定人数内免费使用产品或服务，一旦超出时间、数量就向消费者收费。前期消费者免费得到商品和服务，商家看似是在亏本，实则是在借助亏本赚流量。在用户体验"上瘾"的时候，将免费体验戛然而止，使得用户急切想要付款购买继续获得这种让自己"成瘾"的产品。

这种模式，重点在于限定范围的适度性。限定时间、数量、人数，范围如果失误，免费模式也就失去了应有的变现价值。

（7）零元购

"零元购"模式，通常是以"零元"来吸引用户通过"拉好友"助力砍价的方式实现"零元购"。这种模式的主要目的就是为了快速吸引流量。

这种模式最典型的代表就是拼多多的"免费领商品"模式。通过邀请好友助力砍价，砍价至零元的时候，商家负责为用户寄出产品，用户免费获得商品。

**2. 特点解析**

我们知道，价格变动引起的产品需求量的变化。价格是影响消费者做出购买决策的一个重要因素。

免费模式的核心思想是，通过免费提供产品或服务，吸引更多的流量，在扩大用户规模的同时，帮助企业实现更好的变现。免费模式也可以看作是一种"诱饵模式"，"免费"就是"诱饵"，用"诱饵"换取更多的流量和销量。这对于消费者来说，有极大的诱惑力。

具体来讲，免费模式有如下特点：

（1）实现快速引流

免费模式中，"免费"就是吸引消费者最好的利器。通过免费提供产品或服务，来吸引更多的用户，有效实现用户规模的快速扩张。

（2）增加用户黏性

打江山容易，坐江山难。吸引流量是一方面，能够很好地做好流量的留存工作，是重中之重。否则，好不容易吸引来的流量付诸东流，所有的努力都白费了。免费模式的另一个优势就是能够通过"免费"很好地留住用户，提高用户的黏性，将用户"套牢"。

（3）增加盈利

增加流量、增加用户黏性，最终的结果就是能够为企业带来十分可观的变现效果，使得企业获得更多的收益。

### 3. 经营要点

免费模式在设计的时候，要考虑以下几个方面：

（1）免费性

免费模式中，可以用来免费的有两种，一种是产品，另一种是服务。在设定免费产品或服务的时候，要确定哪些产品或服务是可以免费提供的，还需要确定免费提供的程度和范围，而不是无休止、无限制地免费下去。

（2）体验性

免费模式中，主要是为了让用户通过免费体验产品或服务的形式，让用户更好地认识、了解、喜爱产品或服务，甚至对产品或服务产生依赖，这是助推用户下单购买、产生复购的"杀手锏"。

（3）创新性

设计免费模式，也要多关注商业模式的创新。千篇一律地免费，毫无新意，毫无吸引力，这样的商业模式并不能为企业带来很好的收益。

### 4. 案例分析

● 案例

#### 利乐的免费模式

经常喝蒙牛、伊利牛奶的人，肯定会注意到，这两家牛乳企业的产品包装，都是采用利乐的包装。利乐也几乎是所有中国主流牛乳企业，甚至是一些果汁、饮料以及其他产品的包装首选。利乐是世界上能够提供综合加工设备、包装和分销生产线的国际大公司。

事实上，早期的利乐主要是靠卖包装设备赚钱的。如今利乐公司之所以能占有如此大的市场，就是因为它对商业模式进行了转变和创新，将包装设备免费送给乳业、果汁、凉茶等企业。那么利乐是靠什么赚钱的呢？答案就是包装材料和耗材。

像伊利、蒙牛、娃哈哈、光明、三元、汇源等国内几大乳业及果汁饮料行业巨头，在全国有800多条生产线。它们在用包装设备生产包装的时候，就必须要用到包装材料和耗材。因此，利乐能够获得源源不断的包装材料和耗材订单。这也就是利乐的主要利润来源。

● 赏析

利乐看似将包装设备免费提供给下游企业，做了亏本买卖。但对于下游企业来说，只有设备，就如同巧妇难为无米之炊。有了包装材料和耗材，包装设备才能发挥出应有的价值。利乐就是看到了这一点，采用一种以牺牲产品作为代价，换取更大利润的免费模式，将乳业、果汁、凉茶等企业吸引过来，并将它们牢牢地黏住，成为自己长期、稳定的合作伙伴。基于这一免费模式，利乐的盈利空间可想而知。

# 拼团模式：社交关系带动销量和流量裂变式增长

拼团模式也是一种较为典型的商业模式，在很多电商平台十分常见。

拼团模式就是在电商平台上，消费者通过邀请好友、亲戚参团购买同一种商品，当购买人数达到一定数量后，就能以一定的折扣价格在电商平台上购买这款商品。拼团模式其实是一种集体购物模式，多人聚集在一起以低于独立购买的价格购买。

### 1. 玩法介绍

拼团模式也在不断地演变，其玩法有以下几种：

（1）拼团购物

传统拼团模式是通过多人组队的形式共同以低于单独购买的价格购买商品。

拼团购物的实例，典型的就是拼多多。拼多多平台上，消费者选购心仪的商品时，如果不拼单，选择"单独购买"，则需要支付较高的金额来获得；如果选择"发起拼单"，就会以低于"单独购买"的金额获得。

拼多多设定的拼团人数通常为至少两人成团。发起者可以将活动链接分享给亲人、朋友、同事等，如果他们对这件产品也有需求，就可以参与拼单。当至少两人参与拼单时，就意味着拼团成功。在购买支付后，商家就会在一定时间内发货。

（2）社区团购

社区团购，就是团长开团，推荐真实居住的社区居民参与团购活动，满足一定的成团人数即成功成团，参团者可以以低折扣购买同一种商品，团长从中可以获得团购订单的销售额的一部分作为佣金。还有一些平台，为了鼓励团长积极开团拉人，还会提供额外的奖励机制，例如邀请新用户加入团购，达到一定销量后，这些都可能对团长的收入产生影响。如果参团人数不达标，则拼团不成功，订单取消，原路退款。

早在2018年，就已经出现了社区团购模式，如十荟团、兴盛优选就是典型的代表。之后，随着社区团购模式的盛行，各个"巨头"纷纷入局，如美团打造的美团优选、拼多多推出的多多买菜、滴滴开辟的橙心优选、京东创建的京喜拼拼等。

（3）阶梯型拼团

阶梯型拼团，就是将参团人数进行阶段性设置，参团人数每达到一个阶段，产品价格就会降低一定折扣，阶段越高，价格越低。这种模式，通常会采取预售产品的形式来实现。活动结束后，产生的订单也会产生分销奖励，从而达到分销裂变的目的。

比如，某家销售赣南脐橙的商家，推出这样的活动：

赣南脐橙当即上市价格：10元/斤，现开启10斤装预售，即拼购价：100元。

此次预售活动为了更好地"助农销橙"，现推出活动政策：

1. 每满200人，返5元差价；

2. 每满25人，随机抽1人免单；

3. 活动满2000人截止。

**2. 特点解析**

拼团模式的特点如下：

（1）参团人数决定产品价格

通常，拼团模式的折扣取决于参团人数。参团人数越多，达到某一个数值，就能以低价购买，或者人数越多，价格优惠力度就越大。

（2）互动实现多方获利

拼团模式，重点在于社交互动，是一种社交电商购物模式。社交互动让消费者以更低的价格购买到心仪的商品，将发起者、推广者、参团者多方人员结合起来，共同获得利益。

（3）低价引流

用户除了对产品品质关注之外，对产品的价格也比较敏感。拼团模式，以拼团的形式，相当于给了消费者议价空间。商家通过让利的方式，让用户获得低价购买产品的机会，能够很好地吸引用户，同时还能有效提升用户黏性。

（4）社交分享增销量

如今是一个社交媒体不断发展、企业与社交媒体融合更加紧密和深入的时代。拼团模式正是借助这个时代的社交关系链做桥梁，使得消费者通过分享商品链接的方式，让商品快速触达更多的人，让更多的人认识和了解产品，并积极参与低价购买，以及产品的销售和推广活动。这样的结果是，用户主动分享，有效提升了企业商品的曝光率，扩大了品牌的传播率，极大地提升了产品销量。

（5）节约广告成本

拼团模式抓住了消费者的利益需求，通过社交渠道进行传播，打破了传统电商投入大量资金做广告的方式，节省了一大笔广告费用。

**3. 经营要点**

设计拼团模式，要注意以下几点：

（1）科学选品

拼团活动中，选品工作同样重要。价格比较低的产品，更具拼团优势，更容易吸引用户参与拼团。一些价格较高、购买周期相对较长的产品，在实际操作中很难吸引消费者快速下单。爆款、热销商品，也能很好地吸引消费者的关注。价格一定要低，这样能更好地激起人们"捡便宜"的心态。

（2）商品低价与质量挂钩

拼团模式的目的，就是为了实现"拉新""促活""留存"。如果商品价格足够低，足够吸引人，但产品质量不达标、不过硬，再低的价格，也难以挽回品牌在消费者心中的形象，这就等于搬起石头砸自己的招牌。所以，用拼团模式去经营，一定要将商品低价与质量挂钩，这是拼团模式的核心。

（3）做好限时限量规划

拼团活动，要注意时间和数量的限定。时间限定，是为了造成一种时间上的紧迫感，给用户一种机不可失，失不再来的感觉；数量限定，即每人最多购买多少件。拼团商品的价格本身就很便宜，可以根据预算作限购设定。

（4）让拼团更有趣

每天有很多平台都在玩拼团，而且拼团的花样还有很多。如果只靠简单的拼团是很难再吸引用户下单的。可以将拼团模式设计得更加具有趣味性，将拼团和秒杀、抽奖等结合起来，使得活动既丰富，又有趣，能更好地抓住消费者的好奇心，提升消费者参与拼团的积极性。

### 4. 案例分析

● 案例

**拼多多的拼团模式**

在当下电商平台群雄争霸的格局下，拼多多作为后起之秀，能够与淘宝、京东形成三足鼎立之势，并不是靠运气，而是靠自己独有的商业模式的实力。

拼多多的起家之本，就是两个字"拼团"。也正是因为拼团模式，使得拼多多能够实现业绩的快速增长。拼多多平台上，拼团有两种，一种是前文中讲到的普通拼团模式，另一种就是社区拼团模式。

这里就拿其社区拼团模式来说。拼多多有一个多多买菜板块，其模式就是社区团购模式。在具体运营过程中，首先，多多买菜分为多个产品品类，包括蔬菜、水果、粮油、酒水、零食、速食、肉蛋、乳饮、水产、个护、百货等，囊括了消费者每天需要的生活用品、食品等。多多买菜采用"同城直供"的模式，产品来自多多买菜自营仓库、合作农户和批发市场等，保证了商品的新鲜度和品质。

其次，多多买菜为了快速扩张业务，虽然对经营资质和社群有要求，但可以入驻的团长门槛较低，无论个人还是商户，只要满18周岁，且具有完全民事行为能力，能够独立承担法律责任，都可以申请成为团长。此外，多多买菜还会对入驻团长给予一定的佣金奖励。只要每日有用户下单，团长就可以根据多多买菜的佣金比率，赚取佣金。也因此吸引了很多优质团长资源加入平台。具体佣金比例，根据商品种类和销量的不同会有所差异。

再次，多多买菜商品的价格相对传统电商平台更加优惠。通过设置低门槛的团购机制，鼓励用户邀请好友一起拼团，享受更低价的产品和配送服务。用户在选择自提点之后，每天23:00之前下单，第二天由物流服务商提供运输服务，配送至团长门店。消费者每天16:00之前就能到团长的自提点去提货，或者由团长配送到家。同时，多多买菜也为用户提供更加方便的咨询和售后服务。

最后，多多买菜还会经常推出优惠活动，如"下单全额返券包""满减""免费零商品""每日红包""每日折扣""限时秒杀""邀请领现金"等，玩法十分丰富，同时也充满了趣味。

● **赏析**

拼多多的多多买菜作为一款新型电商模式，以"社区团购"为主打模式，通过本地、同城产地与用户直接对接，减少中间环节，降低成本，为消费者提供新鲜、优质、便宜的产品。

另外，拼多多的这种拼团模式，通过设置团长和团员的角色，在基于社区的社交裂变效应基础上，实现社区团购。团长、团员、本地供应商、物流服务商形成一个完整的生态圈，实现了多方共赢的局面。

总之，拼多多的这种拼团模式，借助社区社交关系带动销量和流量裂变，具有多方面的优势和实际商业价值。

## 直播带货模式：社交互动实现高效引流和变现

近几年，直播带货作为一种新兴商业模式，成为了线上购物的新潮流。很多传统电商也开始转型，拥抱直播带货。很多默默无闻做传统电商的企业，也通过直播带货模式实现了逆袭。

### 1. 玩法介绍

直播带货模式随着被越来越多的企业和品牌在实际经营过程中应用，由此也将直播带货模式的玩法提升到了新高度。以下是几种最为常见的直播带货模式的玩法：

(1)直播间直播

绝大多数商家的直播带货是在直播间进行的。通常，主播通过在直播间试吃、试用、试穿的方式，向直播间用户多角度展示产品、说明使用体验感，让用户更好地认识和了解产品，最终爱上产品，进而引导用户积极下单购买。直播间直播带货，是目前各大主播直播带货最为常见的形式。

比如，一个专门销售大码女装的账号，在主播直播间按照服装上款的顺序一件一件进行服装试穿展示和详细介绍。让用户近距离通过屏幕看衣服的面料、走线等，并让其亲眼目睹试穿前和试穿后的对比效果。当用户看到衣服穿上身的确很显瘦后，自然会心动。此时，主播会趁机使用销售话术，说服消费者做出购买决策。

(2)产地直播

很多企业、商家为了让消费者更好地了解产品，会通过直播的方式，让用户走进原产地，对产品的生产过程、生产环境等有更直观的认知。这种直播模式就是产地直播带货模式。这种模式，通常用于农产品、水果、禽蛋、护肤品等产品的销售，用户借助直播镜头，无形中对产品的品质、安全性更加放心。

一个主打销售护肤品的账号，为了证明自己的产品真的添加了人参成分在里面，直接在生产车间做直播，让消费者看到从人参清洗到萃取到灌装等生产环节。很多进来围观的用户都直呼："原来你家产品真的有人参。"也有很多用户在看了直播后，积极下单，表示要亲自体验一下产品效果。

（3）商场代购直播

很多主播是做代购的，他们会经常进入商场，现场直播，为消费者选购产品。这种直播带货模式，我们称之为商场代购直播模式。这类直播带货模式，通常以商场为直播背景，货架、价格、产品品类一目了然。通常适用于大牌化妆品、护肤品等。通过直播的形式，给予消费者一定的价格优惠。在直播的过程中，为了让消费者信服，还会展示产品资质证书、检验报告等相关资料。

某知名主播，主要是做代购生意的。经常会走进各大商场，做现场带货直播。在小黄车中挂着的商品也都是国际知名品牌的护肤品，价格也都比线下商场售价优惠。在直播的过程中，他会一对一为用户、粉丝进行产品讲解，同时还会出示相关的资质检验报告，用户纷纷下单购买。

（4）户外直播

户外直播模式，顾名思义就是主播在户外开直播进行带货。通常，适用于赶海、挖山货等直播带货类型。直播间小黄车会间隔性商家产品，并进行讲解。这类直播带货模式，通常对产品的讲解时间不会很长，点到为止。主要是为了销售一些与户外直播主题内容相关的产品。

比如，某赶海直播主播，每天会带着用户去户外赶海，向用户传授赶海技巧和秘诀。偶尔在谈及赶海工具、鞋子的时候，会向用户介绍自己手中的赶海工具和自己穿的鞋子，并现场进行展示，呼吁用户赶海使用更加称手的工具和穿更加舒适的鞋子，从而引导用户下单购买。

（5）无人直播

前几种都是有主播参与其中进行直播带货，如果将这种模式称为有人直播的话，还有一种直播带货模式是无人直播带货模式。整场直播过程，没有真人参与其中。这类直播会在直播间用一块绿幕做背景，然后使用AI数字人复现真人动作、表情、口型等做直播，按照预设的直播顺序介绍产品。

如今，很多美妆品牌做直播带货，就是采用无人带货模式。在直播间带货的主播就是AI数字人，如欧莱雅的"欧小蜜"、自然堂"堂小美"等。她们不仅在外形上时尚可爱，与真人相似，而且在声音、情感和动作方面也十分逼真，甚至还可以唱歌、跳舞。

（6）PK直播

PK直播带货，通常适用于那些口齿伶俐、思路敏捷的主播。在直播的过程中，主播通过连麦的方式进行打PK。在打PK的时候，两个直播间能够为彼此吸引来更多的流量。如果一方在直播间售卖产品，则可以将另一方的流量引入自己的直播间，使得这些流量成为自己的潜在客户。这样自然也就增加了流量变现的概率。

比如，A主播是带货主播，其直播间本身有1500人围观，B主播是情感主播，其直播间聚集了2500人。A与B主播连麦后进行PK，在PK的过程中，双方主播在相互介绍自己的时候，也起到了引流的作用。整场PK下来，A主播的直播间涨粉1200多人，原本并没有产品需求的用户，在看到A主播售卖的商品时，可能会停下来浏览一下A主播直播间小黄车里的商品。B主播也通过这场PK收获了不少流量。

直播带货模式最常见的就是以上几种，但很多主播会不断摸索和挖掘，使得商业模式不断创新，变得越来越多样化。

### 2. 特点解析

（1）直观性强

传统电商模式下，消费者只能通过图片、动图了解产品，不能实实在在地亲眼看到产品。买或者不买，一时间犹豫不决。

与传统的电商模式相比，直播带货将消费者带到直播间，就好比将消费者引入了实体店内，基于实时的屏幕让消费者能更直观、更全面地了解产品或服务，更生动形象、全方位地展示产品和性能，消费者可以通过屏幕实时的360度看到产品细节，更容易对产品产生信赖，从而迅速下单购买。

（2）互动性强

直播带货模式的另一个显著特点，就是有很强的互动性。传统电商模式下，全程都是消费者一个人浏览、下单，只有主动向客服提问时，才有相应的互动。直播带货模式则不同，从消费者进入直播间开始，全程主播与消费者交流、互动不断，消费者可以在直播中提出自己的问题和意见，主播则实时回答或及时解决问题，提升了用户的体验感和满意度。

（3）推荐力强

直播带货的过程中，平台会根据用户喜好为其推荐感兴趣的直播间。这就为直播间带来了很多相对较为精准的流量。如果主播能够很好地将这些流量运用好，增加用户黏性和购买欲望也就不再是难事。

（4）娱乐性强

直播本身就是一种休闲放松的渠道，具有一定的娱乐性。直播带货模式，将电商嫁接于直播，自然携带娱乐"基因"，可以带来不同于传统电商的购物体验，让消费者感受到购物的乐趣和趣味。

### 3. 经营要点

在借助直播带货模式经营的过程中，需要注意掌握以下要点：

（1）打造人设

做直播带货，首先需要主播树立好个人人设。好的人设，是主播成功带货的第一步。主播可以根据销售的产品来塑造自己的人设。

比如，如果销售的是美妆产品，就可以将自己的人设定位为美妆达人。

（2）掌握套路

直播带货，目的就是要把产品销售出去，但销售商品，也需要掌握一定的套路、策略和技巧。

比如，发放福袋可以为直播间有效引流；发放优惠券可以利于消费者购买；欢迎话术、暖场话术可以延长用户在直播间的停留时间；促单话术则可以促进消费者下单等。

（3）注重真实

直播带货，贵在真实。在直播的过程中，要向用户真实地展示产品，告知消费者真实的使用体验。这样更加容易获得用户的信任，推动促销，使得用户更加容易下单。

（4）场景贴合直播主题

直播间场景搭建是一个非常重要的环节，好的场景，能给消费者一个更好的视觉体验。在搭建直播场景的时候，必须要和直播主题相匹配，并且越简单越好，尽量避免过度繁杂的背景设计。要尽可能做到舒适即可，过度布置，华丽花哨，反而会起到喧宾夺主，不利于商品的售卖。

### 4. 案例分析

● 案例

#### 完美日记的直播带货模式

完美日记在唯品会上做直播带货，与大多数直播带货不同的是，完美日记的带货主播是AI数字人，她有一个非常洋气的名字，叫"Stella"。Stella是一个外表非常时尚的可爱女生形象，她有个性、有魅力、懂美妆。

Stella在向用户详细介绍完一款产品的时候，还不忘和用户打招呼，介绍自己，甚至还会和用户开玩笑，宛如一个真人在直播。除此以外，Stella还可以根据消费者的评论留言关键字做出相应的回应。如果有消费者在弹幕中发出"求讲解宝贝"申请，Stella还可以从产品外形包装、热门色号和色系推荐为消费者进行解答，还会告知消费者近期的优惠活动等。

● 赏析

完美日记推出的AI数字人主播在直播间带货的模式，将人工智能很好地融入到直播带货行业当中，相比传统的真人主播带货，更具吸引力，能更好地满足消费者的好奇心理。而且借助AI数字人技术，可以进行自主对话，对人类的语言、提问进行分析和应答，为消费者带来更加智能化、人性化的交互体验。另外，选择AI数字人主播做直播带货，可以实现24小时不间断高强度直播。AI数字人主播可以说是紧跟时代步伐，是直播带货领域的一场华丽蜕变。

## 连锁模式：样板复制，快速扩张

很多零售企业在发展壮大之后，为了快速扩张，会选择连锁模式。连锁模式就是指一个企业在经营同类商品或服务之后，通过一定的纽带和形式，将原本的经营、管理方式方法复制到更多的店铺当中，使得原本独立经营的模式转变为了一个多家门店同时经营的联合体模式。

**1. 玩法介绍**

很多企业在经营的过程中，将连锁模式演变出很多种不同的经营模式。常见玩法如下：

（1）直营连锁

直营连锁，简单来讲，生产商跨越分销环节，直接与零售商合作。在做直营连锁的过程中，品牌方自己投资开连锁店，对所有的连锁店拥有独立的所有权，并对所有连锁门店进行直接管控。

做直营连锁的企业，通常拥有较为雄厚的资金，且能够输出大量的人才给连锁门店。

屈臣氏是一家全球领先的零售连锁药妆店，专为消费者提供各种各样的护肤品、化妆品、家居用品等。其采用的就是典型的直营连锁模式。屈臣氏选择自己出资设店，在全国有很多直营店，各个分店的所有权都归总公司所有，对所有连锁分店进行统一管理，各个直营店只需要负责销售业务即可。无论是县级直营店，还是市级直营店，所有的屈臣氏门店都会为消费者提供相同的产品种类、品质以及服务，为消费者提供更加快捷、满意的解决方案，确保所有地区的消费者都能享受到相同的购物体验。

（2）特许加盟

特许加盟，就是特许者与被特许者之间按照合同要求，建立合作关系。被特许者在使用特许者商标、商号、产品、服务、专利技术、经营模式的时候，需要向特许者支付相应的费用。特许，就是给予特殊的权利。特许加盟门店的所有权为被特许者所有。另外，被特许者还需要承担相应的义务。这种模式，通常适用于那些拥有十分强大品牌力的企业，这样的企业更容易吸引和管控被特许者的经营管理行为。

以餐饮界为例，有很多餐饮品牌，在经营的过程中都是采用的特许加盟模式。如汉堡界代表汉堡王、麻辣烫界代表杨国福、快餐界代表永和大王、馄饨界代表吉祥馄饨等。

（3）自由连锁

自由连锁就是由几个或者多个不同资本的商家联合在一起组成一个总部。联合体中的每个个体采用相同的进货渠道和配送方式，而且其资本所有权保持不变。

这种模式下，每个个体的所有权和财务都是独立的，需要自己负担全部的店铺开设费用，每年向总部缴纳一定的加盟费用，在经营过程中自负盈亏。每个个体不一定要与总部完全保持相同的经营品种、经营方式等，只是在订货送货方式、广告宣传等方面要和总部保持一致即可。

全球知名零售集团SPAR，就是一家自由连锁企业，由全球各地独立持有及运营的零售商们组成，并共同隶属于SPAR品牌旗下，为本地社区提供高质量、高性价比的购物体验。SPAR自1932年成立以来，如今已经在全球拥有13000多家门店。在当前竞争激烈的市场环境下，SPAR给众多中小型零售企业带来了很多现成的经验与经营技术、供货渠道等，有效提升了中小型零售企业的市场竞争力。

（4）托管加盟

托管加盟与自由连锁恰恰相反，加盟主加入时需要支付一定的费用并需要自己提供装修费用。其他的由总部提供，如经营设备器材、经营技术、货源等，店铺的所有权属于总部。加盟主只拥有店铺的经营管理权，其获得的利润都需要与总部分享。总之，托管就是总部对加盟商的一种管控方式。

2023年9月12日，全国工商联发布于的"2023中国民营企业500强榜单"和"2023中国制造业民营企业500强榜单"中，海澜之家位列"2023中国民营企业500强榜单"第74位，实现连续13年蝉联中国民营企业500强的好成绩。同时，海澜之家在"2023中国制造业民营企业500强榜单"中位列第47。

海澜之家作为一家男装品牌，在近年来闭店潮涌动之下，却业绩依然不菲，靠的就是托管加盟模式。在托管加盟模式下，海澜之家负责加盟店的运营管理、货品投放、人员招聘等，加盟商负责房屋租赁与水电物业费用、员工工资。总之，海澜之家负责运维管理、加盟商负责投钱出资。

**2. 特点解析**

连锁模式的主要特点有：

（1）管理标准化

企业借助连锁模式经营，能够实现管理标准化、一致化，使得企业的诸多管理要素能够相互协调起来，如统一店名、统一进货、统一配送、统一价格、统一服务等。既节约了成本，又提升了工作效率。

（2）形象统一化

连锁门店通常在形象上做到统一化，这样给大众一种规范、整洁的感觉，在大众心目中形成了良好的企业形象。

（3）经营规模化

连锁模式的一个重要特点就是经营规模化，这也是连锁模式最吸引人的优势。经营规模化，能帮助企业扩大知名度，增加产品的市场占有率。

（4）模式复制化

连锁模式实现的一个重要途径就是"复制"。所有的连锁店，都像是一个店一样，都是统一的标准。只要第一家店成功经营，就能成为样板，会有无数个连锁店将其作为参照，进行快速复制，最后实现企业的快速扩张。

**3. 经营要点**

连锁模式在经营过程中，要注意以下几个要点：

（1）打造优质样板

做连锁模式，重点在于样板的打造。规范管理标准，则是样板打造的重中之重。有了好的管理标准，也就便于后续连锁店的高效复制，也能在后续的规模化发展过程中有效解决投资资金。这也是连锁模式是否能够取得成功的基石。

（2）构建优质运营体系

做连锁店往往会遍布全国，优质的运营体系，可以让连锁模式在经营的过程中获得事半功倍的效果。

①经营体系

连锁模式，重在经营。一个优质的连锁企业，需要建立一个科学、高效的经营体系，这一点至关重要。

一个优质的经营体系，应当包括：

第一，合理的组织架构。这是确保各部门之间协调配合、高效运营的关键。

第二，完善的工作流程。好的工作流程，能够确保每个环节能够有章可循，有序进行。

②培训体系

在规范好管理标准之后，还需要做的就是加强员工培训工作。即便管理标准再优质，没有人执行也是没有价值的。做连锁模式，一定要重视培训工作。要建立系统的培训课程，加强员工培训，并通过考核，确保每一位留用的员工都能够达标。

③监督体系

做连锁模式，要落实到每一个人、每一个部门，必须建立监督制度，对每一个分店进行全程跟踪，做到各个阶段的经营效果评估。确保每个人能够各司其职，将标准规范落到实处；确保每个部门能够按照流程去经营，提高经营效率。

**4. 案例分析**

● 案例

**麦当劳的连锁模式**

麦当劳是全球最大的快餐连锁品牌之一，其之所以能发展得遍布全球，有一个非常重要的原因，就是在经营的过程中采用了特许加盟模式。

在刚开始的时候，麦当劳虽然只是一家简陋的汽车餐厅，但由于妥善经营，麦当劳很快取得了成功，随之而来的便是一批批效仿者，这使得麦当劳的生意开始出现下滑趋势。为了摆脱这种局势，麦当劳开始做转型，转为经营快餐。在一段短暂的转型艰难期之后，麦当劳的生意很快又变得生机勃勃。相比转型之前，麦当劳的营业额和利润回报更加理想。

成功者总会吸引来接踵而至的模仿者，为了摆脱模仿，麦当劳再次进行商业模式革新，开始出售特许权的模式，也就是特许加盟模式。1953年，一个名叫福斯的人，在向麦当劳支付了1000美元之后，便得到了麦当劳的特许经营权，由此第一家麦当劳的特许经营加盟店便诞生了。加盟店数量在不断增加，但由于麦当劳缺乏统一的管理与经营规则，虽然麦当劳在当时名声大振，但其形象也随着各项基本制度、规则不完善，而使得麦当劳被蒙上了一层阴影。

之后，一位麦当劳的销售员成为了其特许经营的代理商，他将麦当劳原有的特许经营模式加以改良：

第一，买主只需要花费一定的费用，就能获得麦当劳的特许经营权。此后，买主每年需要向麦当劳总部上交年销售额的3%作为特许权使用费，上交年销售额的8.5%作为房产租金。但要严格遵守麦当劳总部的作业流程和服务规则。

第二，每一家分店，都由麦当劳总部派人亲自选址，安排店铺建设和装潢。

第三，麦当劳总部负责特许经营店铺的员工培训、广告宣传、协助经营等。

第四，麦当劳所有的特许权加盟店的餐具、食物都由专业的第三方供销公司提供，并直接送货到加盟店。另外，麦当劳还将集体采购的优惠价格给到加盟店，让加盟店得到实惠。

在全新的特许经营模式下，麦当劳的连锁店开遍全球，很快就提升了在世界的知名度。

### 赏析

麦当劳在经营过程中，不断进行模式革新和改良，最终形成了适合自己的特许加盟连锁模式。通过收取加盟费，以及后期每年的特许权使用费和房屋租金为自己赚取了利润，也通过各加盟商遵循自身统一的作业流程和服务规则，使得自身形象和声誉得到了保障。另外，还将实实在在的采购优惠价格给到加盟商，不仅增加了加盟店的向心力，也有效吸引了大量加盟商的加入。麦当劳的这种特许加盟连锁模式，为自身奠定了快餐龙头品牌的地位。

## 直销模式：没有中间商赚差价

直销模式是一种十分常见的、古老的商业模式。在经营直销模式的过程中，生产商与消费者直接对话，生产厂商将产品的销售柜台直接延伸到最终消费者。换句话说，就是将产品直接送到有需求的消费者手中，去掉了中间商环节。这种模式可以说是一种没有中间商赚差价的商业模式。

**1. 玩法介绍**

直销模式在不断的发展过程中，玩法也是层出不穷。

（1）专卖店模式

专卖店是拥有企业的品牌授权书的店铺，销售的产品是被授权的品牌之下的所有产品。专卖店通常是只售卖单一品牌的产品，产品的售卖、收费和服务由店员全权负责。

在服装行业，有很多品牌做的是专卖店模式，如森马、美特斯·邦威、七匹狼、唐狮、杰克·琼斯、太平鸟等。

（2）直营店模式

直营店就是由总部公司直接经营、投资、管理的连锁店。总部会选择较高素质的销售人员，为直营店组建稳定的导购人员队伍。直营店中的导购人员负责将产品推销给进店的消费者。直营店在经营的过程中，总公司会根据库存情况来决定销售情况。

如商超领域的永辉超市、物美超市、快客便利店等，它们的共同特点，就是都采用的直营店模式。

（3）电话直销

电话直销就是生产厂商派遣销售人员通过打电话的方式直接向消费者推销产品，并在电话中完成销售和售后服务。

（4）电视直销

电视直销就是由厂家通过电视节目的形式，借助精心的设计和包装，向电视机前的观众输出产品相关信息，以达到推销产品的目的。这种模式既有广告推广，又有很强的娱乐性。

（5）网络直销

网络直销就是生产厂家借助网络技术、计算机通信、数字交互、社交媒体等工具，在网络平台上做直销，将产品直接卖给最终消费者。如企业自建网站、企业店在淘宝平台上售卖产品等。

（6）邮寄直销

邮寄直销是生产厂家通过广告的方式让需要产品的人直接和厂家联系，直接把产品邮寄给消费者。

（7）面对面直销

面对面直销，就是生产商派出销售人员直接上门或在路边找消费者推销产品，并完成现场售后服务。

**2. 特点解析**

直销模式，其特点主要有以下几点：

（1）赚取更多利润

直销模式是由生产厂家直接与最终消费者对接，并达成交易，中间没有中间商参与，没有中间商赚差价，因此生产厂家可以实现利益最大化。

（2）信息反馈迅速

生产厂商将产品直接卖给消费者，消费者对产品的好坏评价反馈，厂家能够第一时间得知，并能够根据这些反馈信息及时改进产品和服务。

（3）加快资金周转

直销模式下，产品销售出去，就能快速获得交易资金，加速了企业的资金周转。

（4）提升价格竞争力

直营模式可以省去中间商和零售商等传统销售环节，直接与消费者达成交易关系，能有效提升产品的价格竞争力。

**3. 经营要点**

做直销模式，要着重注意以下要点：

（1）产品品质是硬道理

做产品直销，生产厂家直接面对消费者，产品的好坏直接关系到生产厂家在消费者心目中的形象。好的品质才能带来好的体验和好的品牌，才能实现更高的溢价。没有质量过硬的产品，厂家形象大打折扣，直接影响企业销量。

### （2）进行有效宣传

做直销生意，有些商家开店后就在店里坐等生意上门。在现代社会里，这种销售思想和行为是十分危险的。做直销，必须加强自身产品和品牌的宣传，激起消费者的购买欲望。尤其是做店铺直销，在店铺门面的设计上一定要有创新意识。

### 4. 案例分析

● 案例

## 雅诗兰黛的直销模式

雅诗兰黛作为知名护肤和彩妆品牌，采用的是全渠道销售模式。早期，雅诗兰黛通过经销商为其卖产品或者通过独有的实体店铺做直销。

随着数字化时代的到来，消费者的购物需求发生了变化，人们对于线上购物的便捷性、快速性有了新的需求。为了满足这些多样化的需求，雅诗兰黛便充分利用线上渠道的巨大潜力，通过数字化转型，开辟出了属于自己的线上零售销售渠道，开始做起了线上直销生意。

在经营的过程中，雅诗兰黛在线上也能与消费者互动、推广产品，快速扩大了品牌影响力。同时，也在经营的过程中有效降低了成本，提高了销售率，也通过各大媒体渠道的传播宣传，使得雅诗兰黛在全球范围内得到了很好的曝光。

● 赏析

雅诗兰黛从原有的线下分销和实体店直销，转为线上直销，很好地适应了市场变化，也满足了消费者需求。很多人认为这样会使得雅诗兰黛与分销商或者经销商之间形成竞争关系，彼此互抢饭碗，事实上并不会。因为雅诗兰黛做线上直销，是对原有模式的一种补充，这样做更有利于雅诗兰黛品牌与更多用户建立紧密关系，实现产品销量的进一步提升。

## 分销模式：多条渠道多条路

很多品牌为了快速实现用户的指数级增长，快速提升产品销量，扩大品牌影响力，会采用一种非常高效的模式，即分销模式。

分销模式就是生产厂商建立更多的销售渠道，通过分销商、代理商、经销商等，将产品辐射到各个零售网点。

分销与社交息息相关。在分销模式下，每个一级分销商都可以发展下级分销商。在这个过程中，用户既是消费者，又是生产者；既是需求者，也是供给者。用户充分利用自己的社交圈，不断进行裂变推广，让品牌覆盖更多的人群，让更多的人帮企业卖产品。

### 1. 玩法介绍

分销模式在市场发展过程中，出现了很多种玩法，具体如下：

（1）代理分销

代理分销是最常见的一种分销模式，是制造商委托代理商帮助自己寻找顾客、销售商品，做推广和配送的一种合作模式，但产品所有权依然属于制造商。代理商不需要为产品付款，只需要在产品销售之后将获得的货款返还给制造商就可以了。作为回报，代理商可以根据协议从制造商那里赚取相应的佣金。

（2）渠道分销

渠道分销，就是根据市场、产品、企业自身、中间商等因素，来选择适合自己的渠道进行分销。常见的分销渠道包括：

①区域代理

区域代理即按照地域设置各级代理商进行分销。如华北区域代理商、省级代理商、市级代理商、县级代理商。

②品牌加盟代理

品牌加盟代理，就是按照当地经济发展状况，由公司总部按照品牌的发展需求来发展加盟商，通过品牌加盟代理商来实现分销。

③网络分销

网络分销就是指借助网络技术建立起分销渠道，如我们常说的B2B、B2C等模式，都属于网络分销模式。

④自建厂家渠道分销

厂家自建渠道分销，顾名思义，就是厂家建立自己的分销渠道，渠道人员属于厂家总部。如直营专卖店等。

（3）员工分销

员工分销模式，其实简单来说，就是员工带客户。很多时候，店内员工工作不积极，而且流动性较高。如果使用员工分销模式，可以让员工成为很好的合伙人，并将合伙人分为初代合伙人、高级合伙人、金牌合伙人，随着员工分销贡献的价值增长而逐步晋升他们的头衔，并使用等级激励制度，对不同等级的员工合伙人加以奖励。这样做的好处就是能够使得员工积极主动行动起来，为企业带来更多的客户和销量，同时也保证了员工的留存率。

（4）粉丝分销

任何一个可以为企业带来流量和销量的人，都应当加以利用起来。粉丝是企业品牌的忠实用户，对品牌的文化、产品有较高的认可度，他们甚至会将品牌的事情当作自己的事情，会主动向身边的亲戚、朋友等分享自己认可的品牌产品。我们完全可以将粉丝利用起来，作为种子用户，帮助我们做分销。这就是粉丝分销模式，可以通过粉丝用户的关系链为品牌带来更多的精准用户。

（5）社群分销

如今是一个社交媒体时代，做生意也离不开社交关系。社群是社交时代下的产物。社群内聚集的人都是基于社交平台而聚集在一起的具有相同兴趣、爱好和需求的人。社群的特点就是，成员之间有较为一致的群体意识、行为规范以及持续的互动关系。在社群里，成员会主动分享自己认为有意义、有价值的话题内容和产品链接等，以此增进彼此之间的关系，加强彼此之间的黏性。另外，社群中的每一个成员又是一个去中心化的个体，他们加入的社群可能不止一个，所关联的社群成员甚至会更多。我们可以利用社群的这些特点，打造一个或多个社群，并借助社群成员之手，将产品分享给社群中的其他成员，从而达到分销裂变的目的。如果说，粉丝分销可以为我们带来1~100个精准用户，那么社群分销则可以为我们带来1000~10 000个精准用户。

（6）直播分销

直播带货是这几年非常流行的商业模式。在直播平台上有很多带货达人，直播平台是很好的分佣推广平台，他们可以成为企业很好的分销员，在直播间为企业推广产品。另外，直播带货具有一个分享功能，主播可以引导消费者分享直播间，在更多的人当中曝光企业品牌和产品，让更多的人认识和了解产品，也能起到很好的免费分销的效果。社交媒体的普及以及人们对互动性购物的需求不断增加，使得直播分销模式有着更加广阔的发展前景。

2. 特点解析

分销模式的特点主要有：

（1）中间渠道

直销模式最大的特点就是没有中间商赚差价，分销模式的最大特点则是通过中间渠道实现品牌和产品的快速分销。

（2）快速推广

分销模式将产品分给更多的经销商、代理商去做推广和销售工作，更多的渠道能够将品牌和产品快速推广出去，吸引更多的用户了解到品牌，购买到产品，实现更大的销售规模。

（3）降低成本

企业通过分销模式，将销售和推广的工作转嫁给经销商、代理商，能够很好地降低自身的运营成本。

3. 经营要点

在应用分销模式的过程中，应当注意：

（1）合理设计分销规则

利益驱动才是吸引广大经销商、代理商参与分销模式的关键。在实施分销模式之前，一定要提前设定好利益分配规则。利益分配的合理性、公平性、诱惑性是推动分销模式持续进行的根本。要着重考虑：什么样的规则才是合理的、公平的、有诱惑力的；什么样的人会成为分销的参与者；分销规模可以做到多大；如何才能平衡成本与利润之间的关系等。

（2）塑造优质销售形象

能吸引众多经销商、代理商加入分销队伍，就必然要在刚开始的运营阶段，让经销商、代理商获得足够的信心。这一信心，源自于我们的产品优质的销量。可以通过分享"战绩榜单"的方法，让所有人知道我们的产品在同行业同类产品中具有的竞争优势。换句话说，就是要放大自身市场佼佼者的影响力，以此吸引经销商、代理商成为自己的分销商。当然，需要注意的是，不能总是拿很多年前的销售案例反复使用，这样久而久之就会没有信服力。要保证案例的实时性，活生生的真实案例，才更有说服力，才更容易让人信服。

（3）分享成功经验和心得

企业市场规模的快速扩大，取决于复制的快慢速度。完善的培训系统，可以将我们在运营阶段所积累的成功经验和新的经验快速分享给分销商，使得分销商能够以最快的速度正式进入市场营销阶段，使得分销模式的实施成为水到渠成的事情。总之，将好的经验提炼成人人都可以复用的经营方法，才能带动更多人加入。

## 4. 案例分析

● 案例

### 联想集团的分销模式

随着科技产品竞争的激烈程度不断提升，作为成立于中国、业务遍及全球180个市场的科技公司，联想集团为了进一步提升自身在全球市场的占有率，通过直销和分销模式建立起了大量的客户。这里主要分享一下联想分销模式的应用。

拿电子商务方面来说，联想集团建立了以分销商为核心的区域分销体系和客户体系，并快速拓展新的分销渠道。在每一个固定的区域，会经过严格筛选，找到一个或几个有实力的经销商进行合作。在合作过程中，不但为经销商提供商品，还向其提供相应的服务，为经销商带来优惠政策、折扣和其他权利，帮助经销商进行分销和库存管理等。

联想集团在电子商务上的运作之所以成功，很大一部分原因在于其在商业模式上下了很大功夫。

● 赏析

联想集团的电子商务经营模式就像是一列火车，每一个分销商就是紧密联系的车厢。在每一列车厢的努力下，形成很好的销售链，才造就出联想集团现在的地位。联想集团通过分销模式，除了自己，分销商也帮助做品牌和产品宣传，降低了营销成本。另外，借助分销商的力量，让更多的客户都会用到联想的产品，同时还能通过网络平台随时购买到联想的产品，有效增加市场拓展的速度。

## 自助模式：自我服务乐趣多

如今，消费者对于便民服务的要求越来越高，在这样的情况下，自助商业模式便应运而生。很多企业、品牌借助自助模式，为自己赚得盆满钵满。自助模式也成为人们青睐的生活方式。

自助模式，就是企业、品牌、商家为消费者提供产品或服务，消费者则自行完成其他消费环节。

**1. 玩法介绍**

自助模式在后期的发展过程中，随着消费市场的不断升级，演化出很多玩法：

（1）自助餐

自助餐模式是餐饮行业里我们常见的一种自助模式，很多消费者非常喜欢这种新颖的就餐方式。自助餐模式通常有以下几个：

①门店经营模式

门店经营自助餐模式最为常见，很多城市里的自助餐都是这种模式。店内向顾客提供多种不同风味和口味的菜品，满足不同顾客的口味需求，让顾客自由选择自己喜欢的食物。

门店经营自助餐的餐饮品牌有很多，如好伦哥、金钱豹、汉釜宫等，消费者在这些自助餐门店，可以在用餐时间里选取并充分品尝自己喜欢的食物。

②流动经营模式

流动经营模式就是没有固定门店，专门将销售摊位设在人流量较大的地方去经营。流动经营模式，通常会选择夜市、市场等地方去经营。这种模式成本低，非常适合小众创业者。

（2）自助售货机

自助售货机这几年出现的比较多，通常设立在大型商场内，这里的人流量较密集，有较大的交易商机。售卖的产品种类也十分丰富，有饮品自助售货机、盲盒自助售货机、日常生活用品自助售货机，消费者可以通过手机或自助购货终端购买商品，通过移动支付来支付货款。

某预制菜公司是一家无人零售预制餐饮企业，采用的商业模式就是自助售货机模式。该公司主打的就是为城市生活环境下的各类人群解决用餐需求，提供"健康、美味、便捷、实惠"美食。它在全球整合供应链并全程赋能，将智能无人售卖设备放入了民众居住的社区，实现各地美食到餐桌的无缝对接。

为了更好地迎合当下消费者追求高品质与便利生活的需求，推出小龙虾、烤鱼、捞汁小海鲜等上百种精致的预制美食。消费者在社区内的智能终端设备处扫码后，选购自己喜欢的菜品并支付，即可拿到菜品。回家后，只要简单加热一下即可享用由高科技锁鲜、冷链物流直送的美食。

（3）无人便利店

在线下实体店形式当中，涌现出了一种新型商业模式，即无人便利店模式。这种模式与传统的实体店经营模式相比，其最大的特点就是"无人"，且能实现24小时不间断营业。整个店铺内，没有导购、没有收银，取而代之的是AI摄像头、闸机、货柜、货架等智能设备。消费者选购的整个消费过程全都是在数字化技术、智能设备、传感技术等支撑的基础上完成，在结账的时候，采用无感支付完成操作。

（4）自助洗车

自助洗车是当下的一种新型洗车模式。自助洗车场地内，为车主提供毛巾、拖把等物料，洗车设备还具备清洁、泡沫、吸尘等功能。可以说传统人工洗车所具备的服务功能，自助洗车也都全部具备。不同的是，自助洗车能够24小时提供洗车业务，且整个洗车过程，由车主自助完成。

（5）自助洗衣店

随着人们生活节奏的加快，自助洗衣店应运而生。在校园、工厂、公寓等人流量较大的区域，以及酒店等高档区域，为顾客提供便捷的洗衣服务。用户打开洗衣机盖子，将衣物等放入其中，然后再用手机扫描设备上的二维码，选择需要使用的洗衣模式，最后支付该模式相应的费用，设备就可以正式进入启动状态。当衣物清洗完毕之后，用户会收到短信提醒。

（6）自助快递柜

随着电商的快速发展，网购成为了人们常用的一种购物方式。随之而来的就是快递妥投的问题。很多用户上班或外出，不方便签收，为了解决这个问题，在智能化、物联网技术的助力下，自助快递柜便诞生了。自助快递柜通常设在住宅小区、校园等场所。快递员将快件放入自助快递柜，并以短信的形式将取件码发送给收件人。收件人凭借取件码，或者通过支付宝等第三方软件扫码取件。当然，为了方便居民寄件，自助快递柜还提供寄件服务，用户可以根据自助快递柜显示屏的提示，一步步操作即可。

拿丰巢快递柜的寄件服务来说，用户可以通过以下操作完成自助寄件。

第一步：打开微信，搜索"丰巢快递"小程序。

第二步：进入小程序后，在丰巢快递首页，点击"柜机寄件"。

第三步：按提示输入寄件人、收件人相关信息，之后选择快递公司。

第四步：勾选同意寄件服务协议，点击"立即下单"。

第五步：带着要寄出的物品，到附近的丰巢快递柜，在显示屏上输入下单寄件码。

第六步：将包裹塞入口径大小合适的柜子格口当中，并支付费用。

第七步：等待快递员取出，并确认揽收包裹即可。

## 2. 特点解析

自助模式具有以下特点：

（1）科技加持，节约运营成本

自助模式与传统的人工参与模式相比，在相关科技介入之后，减少了很多人力成本，在一定程度上降低了运营成本。

（2）自由度高，实现消费快捷化

传统模式下，如果在高峰时段，顾客进店消费，需要排队等待工作人员前来为自己服务。自助模式下，顾客的自由选择余地变大，可以随意根据自己的喜好选择消费方式，然后自主扫码，自助完成相关操作，可以省去很多排队时间，为顾客带来良好的服务体验，与此同时也因为顾客能够亲自参与到服务当中，使得消费更具趣味性。

（3）24小时营业，增强运营效率

自助模式还有一个重要特点，就是在无人操作的基础上，实现24小时不间断营业，有效增强运营效率。

（4）数智化应用，防止错单和漏单

传统人工服务模式，在遇到客流量大、服务员疏忽失误的时候，会存在服务慢等情况，而且手忙脚乱之余还可能会出现漏单、错单的现象。自助模式的实现是基于数字化、智能化的应用，不但能保证客户交易有序进行，还能有效预防错单和漏单。

### 3. 经营要点

做自助模式的过程中，要注意以下几个要点：

（1）构建强供应链整合能力

自助模式能够正常、有序、高效实施，需要强效供应链做保障。经营者需要具备强供应链整合能力，将身边一切可用资源整合起来，为自助模式的运行保驾护航。

（2）探索更多使用场景

无论自助餐、自助售货机、无人便利店，还是自助洗车、自助洗衣店等，通常需要在人流量密集的场所，才能有效降低运营成本，提升整体的利润。为此，在自助模式应用的同时，经营者要着重探索更多的使用场景。使用场景的不断开拓，才能实现利润的最大化。

（3）不断改进自助售货的机械结构

做任何生意，都要讲究投入产出比。在单位面积的投入能够赚取的收益多少，是经营者所考量的重点。要想提高自助模式的投入产出比，就要想方设法不断改进自助售货的机械结构。这里的机械结构，指的就是自助售货的有限空间内可摆放商品数量的最大化。如在同等大小的自助售货机里，如何才能调整摆放结构，尽可能摆放更多的商品；在同等自助餐门店内，如何才能在调整结构后，尽可能容纳更多的顾客同时用餐。

（4）建立完备售后体系

消费者愿意使用自助售货机，一个重要的原因就是有良好的用户使用体验。这个良好的使用体验来源于两部分，第一就是自助操作，新奇感、乐趣感十足，第二就是有很好的售后服务机制。如果说前者是吸引消费者前来消费和体验的原因，那么后者则是保证用户留存的关键。没有完备的售后体系，商业模式再新奇、再吸引人，也只是一锤子买卖，做不长久。

**4. 案例分析**

● 案例

### 阿里巴巴的自助模式

随着新零售的发展，无人零售店兴起。阿里巴巴打造的无人超市可以说是无人零售模式的先驱者。阿里巴巴的无人超市，其实就是一种自助模式。

顾客进入无人超市，首先要用自己的手机扫码。将身份信息录入系统并进行身份授权以及签订支付宝代扣现金协议后，超市门才会打开。当然，其除了这些智能外，还可以同时进行人脸识别。此时，顾客也就相当于获得了一张电子入场券。在通过门店闸机时，扫一下这张电子入场券，就可以进入店内。在通过闸机的时候，还会收到温馨的标识语提示，要注意一码一人，不要被尾随进入。

进入超市后，顾客会获得不同的消费体验：店内的每一款商品上都贴了一个内置芯片的小标签。在顾客拿起一款商品时，会有语音系统进行相关提示，同时大屏幕还会实时提示商品价格。此外，在店内天花板的四个角还放置了监控探头，对消费者的产品选购行为进行图像捕捉，以便识别消费者的消费习惯、喜好等相关信息。在货架上的某款商品即将售罄时，后台大数据会对运营人员做出及时提示，以保证货架上商品充足。

选购完毕之后，消费者只管拿着商品走出闸机即可。在消费者走出闸机的那一秒，就自动完成了人和商品的识别，进行对消费者和商品的双重身份核实，支付也就随之自动完成。

● 赏析

阿里巴巴的无人超市通过数字化技术和智能设备实现销售和管理，为客户提供更加便捷和个性化的购物体验，同时也为自身赢得了更加高效的运营效率。具体来讲，主要体现在：

第一，无人超市的运营，基于芯片技术、互联网支付、传感器、人脸识别等新技术，使得无论是消费者交易还是后台管理，都较传统的人力劳动变得更加高效。

第二，无人超市是基于消费数据进行门店布局的，在动线设计、商品摆放结构设计方面都是"有据可循"的。这样，促进了商品销量，也提升了整个无人超市的坪效。

第三，消费者自从进入无人超市门店闸机的那一刻起，就被各种全新科技所包围，无论选购还是支付，都科技感十足，而且能够在更加极简、快速、个性化中完成，让消费者获得了十分有趣的消费体验。

阿里巴巴的无人超市让每一个身处时代潮流的顾客仿佛走进了想象中的科幻世界，让每一个购物的消费者乐在其中。

## 店中店模式：不同品类相互导流

做生意的人开店，总会选择繁华的黄金地段。这些地段虽然人流量大，但旺铺租金也很是让人咋舌。对于一些资金有限，却也想在黄金地段开店的商家来讲，一个很好的解决办法，就是借助店中店模式来实现。

店中店模式，顾名思义就是在店铺里，利用空闲场地开设新店铺的模式。出租方向承租方收取相应的场地使用租金，或者不收取场地使用租金而是按利润收取加入方相应的分成。当下，有很多商家都将目光投向了店中店模式。

**1. 玩法介绍**

店中店模式的玩法有以下几种：

（1）同行店中店模式

很多老板认为，同行是对头，因为两家的产品差不多，对方会抢走自己的生意。但，在如今这个流量获取成本越来越高的时代，要想加速使得流量低成本变为"留量"，相互进行"你死我活式"竞争，必然会导致杀敌一千自损八百的局面。同行合作不失为良策。在同行店内开店经营，也就成为了一种全新的店中店玩法。

很多餐饮店在经营的过程中会采用店中店模式。比如，一家烤鸭店，因为每日客流量不是很大，导致前来店内消费的顾客上座率不是很高。于是，将靠近门面的一部分空间租了出去。承租方同样是一家餐饮店，只不过做的是路边摊麻辣烫生意。这样，烤鸭店多余的空间得以充分利用起来，麻辣烫店也如愿以偿，租到了适合自己开路边摊店的门面。对于双方来说，就是共赢。

（2）异业店中店模式

异业店中店模式也是一种常见的模式。异业店中店模式，即不同行业的商家走在一起，做店中店生意，将店铺资源的价值发挥到最大化。

异业店中店模式，其实在我们的生活中也十分常见，比如在一家大型超市内，开辟出了多个异业店铺，如手表手机维修店、理发店、裁缝店等，满足民众的日常生活需求。

（3）包容店中店模式

包容店中店模式运营的过程中，通常是同一个行业中的不同品类参与进来，构建店中店经营模式。

举个简单的例子，很多药店在卖药的同时，会在店内开辟出一个专门销售医疗器械的门店。医疗器械的特点是产品平均周转天数为150天，员工的销售意愿低，容易积压库存等。在药店开辟店中店销售医疗器械，还增加了产品品类，让消费者不用跑到一家店内去买药，还得跑到另一家去买医疗器械，节省了购买时间，也节省了脚力，为消费者带来了很大的便利。这一切带来的结果就是药品和医疗器械相互配套，直接带动了产品销量。

### 2. 特点解析

在经营店中店模式的过程中，我们会发现，该模式具有以下特点：

（1）多样化经营

店中店模式，其最主要的特点就是融入更多的品类去一起经营。简单一句话，就是做多样化经营，这也是店中店模式的灵魂。

（2）低投入、低风险

店中店模式的一个显著特点就是在经营的过程中，商家可以根据自己的经营需求，以较低的店铺租金投入，租到人流量密集地理位置的门面。这与高租金投入相比，既提升了坪效，又降低了风险。

（3）不同品类相互导流，便于品宣

店中店模式的另外一个特点就是，不同店铺经营的产品品类不同，消费者在购买一类产品时，顺便也逛了其他类产品。这就相当于不同品类之间相互导流，使得彼此之间为对方免费做了品牌宣传。这就相当于将店铺的项目直接结合进行营销，将对方的用户转化为自己的用户，获得更多的收入，实现共赢。

### 3. 经营要点

经营店中店模式，需要掌握以下要点：

（1）资源整合，品类关联

店中店模式的本质就是实现不同资源的整合，利用你我的客户资源成就彼此，增加彼此的收入。但在做资源整合的时候，还应注意要做到品类关联。何为品类关联，就是加入店中店的合作方销售的产品或服务存在一定的关联性。比如化妆品品牌店，要与美容院合作；母婴店要与早教机构、婴儿游泳、小儿推拿等店铺合作。品类关联的好处是，面对的用户群体类型基本相同，在对某个店铺品类商品有需求的同时，对相关联店铺商品也可能有需求，可以增加成交率。

（2）对合作方进行考察

做店中店生意，在选择合作伙伴的时候，要慎重。好的合作伙伴，能实现互利共赢；坏的合作伙伴，能一损俱损。想要选取一个长期的合作对象，就要想方设法对其进行多方考察，包括信誉度、美誉度、销量等，要做到心中有数，以便在日后获得良好的店中店合作关系。否则，如果对方经营处于萎靡不振的状态，即便自己有再高的经营手段，也无法增加客流量，更难以跟着对方沾光。

### 4. 案例分析

● 案例

#### 茑屋书店的店中店模式

被誉为"全球最美书店"之称的茑屋书店，将精致、格调、时髦等词汇融入到经营过程中，从而营造了一个与众不同的消费环境，给消费者带来眼前一亮的感觉，也因此吸引着越来越多的用户前来消费。

茑屋书店一个典型的经营模式就是店中店模式。坐落于上海前滩太古里的茑屋书店，总面积2800多平方米，以"wellness（身心健康）"为主题，设立了不同的主题区域，分别为"feel（感性）""think（思考）""health（健康）""beauty（美容）"。虽然整个书店内没有明显的主题标识提示，但消费者进入书店漫步时，就能很容易地感受到节奏明快的主题内容。

在"feel（感性）"主题区域内，主要是汇集了大量丰富的艺术书籍，以及艺术级工艺文具、发售相关建筑名家的各种签名限定版写真集。

在"think（思考）"主题区域中，陈列的是与文学、人文、设计、建筑等有关的图书。

在"health（健康）"主题区域里，主要包含了用传统工艺打造的特色生活杂货，如餐具、杯具、咖啡器皿等，此外还精心挑选了各种零食、点心、茶饮、美酒，并配以书籍与介绍，还专门打造了咖啡冲煮指南、清酒基础知识共享展台。

在"beauty（美容）"主题区域当中，主要售卖的是体现主题内容的时尚美妆杂志、家居生活类杂志，以及饰品、袜子、包装袋等。

茑屋书店的店中店模式带来创意融合的新风尚。来这里的消费者，能够时刻感受到书店的与众不同。

● 赏析

茑屋书店的经营特色，就是在店内用不同的主题来划分店铺，借助店中店模式围绕"文化"聚合更多的生活业态，经营范围除了书籍之外，还融入文具、杂货、艺术、咖啡等元素，将文化和商业相结合。消费者在书店里不仅可以买到书，还能买到品种多样、品质上乘的生活日用品乃至清酒、零食等，用丰富新鲜的场景激活消费者的视觉感受。消费者自进入店内的那一刻，无论走在哪个地方，都能感受到浓浓的书香、文化气息，获得身心愉悦的感受。不同主题区域之间也相互引流，使得消费者纷纷想要入店大开眼界。店内这一切也都是激发消费者产生购买欲望的前提和基础。

## 盲盒模式：好奇心激发购买动机

随着消费升级以及人们对产品和服务的接纳度逐渐升高，"盲盒"作为一个新概念，具备极高的不确定性，在年轻消费群体中逐渐流行起来。很多商家也开始切入盲盒模式，从中赚取可观的收益。

什么是盲盒模式？盲盒模式，就是以销售为核心，在消费者不知道产品内容的情况下，将产品装入玩具盒子当中。这些产品，可以是零食，也可以是电子设备；可以是文具，也可以是书画作品；可以是玩具，也可以是美妆产品……可以说产品种类多样，让人惊喜不断，以此激发消费者的购买欲望。

总之，盲盒模式作为一种新兴的商业模式，具有很大的市场潜力和前景，能为商家带来更多的商机。

### 1. 玩法介绍

盲盒模式，其玩法种类多样，以下是常见的几种玩法：

（1）自动贩卖机盲盒

在很多商场里，我们都可以看到在商场的出入口人流量大的地方会设置一台盲盒自动贩卖机。在自动贩卖机的玩偶展示区中摆放着各种玩偶，这些玩偶正是盲盒中的商品。消费者通过盲盒自动售卖机上的电子触屏，扫一扫二维码，付款后就可以从取货口取出一个盲盒。这种"自助+盲盒"的组合模式能很好地吸引年轻人购买。

### （2）品牌线上销售盲盒

有的做专业盲盒的商家，会在线上打造官方旗舰店销售各种各样的盲盒。消费者直接在商品页面选购即可。商家会在约定的时间内将盲盒寄出。

一家名为"壹号潮玩盲盒"的店铺就做的就是盲盒生意。其在售盲盒品类有很多，如二十四节气盲盒、十二生肖女孩手办盲盒、梦境下午茶盲盒、温度系列泡泡玛特盲盒、蜡笔小新盲盒、蛋仔派对盲盒等。

### （3）实体店售卖

有很多商家会选择与实体店合作，在实体店售卖盲盒，消费者可以在店内看到实物展示。看着眼前这些让人心动的实物，消费者产生的购买兴趣更加强烈。

### （4）幸运抽盒子

盲盒本来就是一种花钱买"幸运"的模式，对于消费者来说，只要花一定的金钱就有机会获得不同的商品。幸运抽盒子模式是在微信小程序等平台上或者在线下门店，消费者以抽取的方式获得盲盒，可能获得的是物超所值的商品，也可能是限量版商品……总之，能有机会获得价值大于价格的商品。

### 2.特点解析

盲盒模式主要具有以下特点：

（1）从贩卖商品到贩卖娱乐

传统模式下，商家做生意，就是一种纯粹的贩卖商品模式。盲盒模式与传统零售相比来说，更具娱乐性，消费者购物的过程变成了一种玩的过程，更具愉悦感，这使得零售从传统的贩卖商品转变为贩卖娱乐。可以说，这种边玩边购物的盲盒玩法，从一定程度上唤醒了产品的诱惑力。

（2）更具不确定性和趣味性

盲盒模式下，盒子里可以装的商品并没有标注种类、样式、颜色是具体哪一款，极具不确定性。但也正是因为这种不确定性给人带来的神秘感，能极好地激发人们的好奇心和购物兴趣。这就好比我们玩扑克牌，当一张牌发到我们手里没有被翻开之前，我们并不知道是什么牌，这就给我们一种不确定性、未知的刺激。当我们翻开之后，发现它是一张好牌时，那种刺激感会更加强烈，急切地想要再翻到一张好牌。

（3）低投入，高回报

盲盒模式其实是利用低价策略，以此换来高销量和高利润。但盲盒里装的绝大多数商品成本要低于售卖价格，只是有个别盲盒的商品给人物超所值的感觉，在受到"占便宜"心理因素的影响下，消费者往往会产生购买碰运气的想法，从而增加了销量。

（4）翻本心理激发消费者购买

人们购买盲盒的目的，就是为了获得那些隐藏款、限量版商品。所以即便已经付出了大量的沉没成本，也总会想着也许下一个盲盒自己就会幸运地拿到想要的商品，也会为了满足自己的翻本心理而继续购买。

**（5）具有强社交属性**

消费者购买盲盒，本身就营造了一种期待和猜测的氛围。如果有人恰好买到了限定款、隐藏款盲盒，自然会主动与有相同兴趣爱好的人分享这种喜悦，甚至还会在彼此之间交流心得。这种强社交属性，很好地增加了用户流量，也为商家带来了可观的盈利。

**3. 经营要点**

在实施盲盒模式的过程中，要注意掌握以下要点：

**（1）精准用户定位**

商家做盲盒生意，要根据目标消费人群进行精准用户定位，有针对性地为消费者提供感兴趣的盲盒商品，以此提升消费者的购物兴趣和购买动机。

比如，针对年轻消费群体，可以在盲盒中放置一些时尚、潮流商品；针对青少年消费群体，可以在盲盒中放置一些玩具、零食等商品；针对女性消费群体，可以为她们提供美妆、护理产品等类型的盲盒。

**（2）有足够的惊喜**

虽然说可以作为盲盒商品的种类有很多，但要保证盲盒内的商品能够给消费者带来足够的惊喜，比如限量版商品、物超所值的商品等，这些才是真正吸引消费者购买的关键。盲盒中的商品十分大众化、普遍化，本身就难以吊起消费者的胃口。如果你盲盒中的商品不但平平无奇，还让消费者花同等的价格购买，那么你做盲盒生意难以成功。即便前期消费者出于好奇购买，后期在发现根本不值得时，那么你的盲盒生意也就做到头了。

（3）结合更具创新性的营销策略

商家做盲盒生意，需要结合各种营销策略，才能为自身迎来更多的关注度和流量。比如，商家可以与其他品牌，或者大众所熟悉的IP元素等联动合作，增强自身的曝光度，提升盲盒的商业价值。此外，还需要结合相应的技术手段等，对玩法进行创新，增加消费者的购物兴趣，提升消费者的购物体验。这些都是吸引消费者购买的关键。当然，与大热IP合作，如何选择也是一门学问，并不是任何一个IP，只要大热就都可以是合作伙伴。而是需要根据产品与IP的共性去选择。两者的形象相符，才是最好的选择。

（4）增加趣味性游戏

盲盒产品，除了能给消费者带来惊喜之外，还需要在消费过程中增加趣味性游戏。这样买家就像做游戏一样完成消费，能在精神层面给足消费者满足感。

（5）注意把控开盒概率

盲盒正是因其惊喜而吸引人购买，但如果消费者总是没有惊喜，就会失去继续购买的兴趣；如果收获惊喜的概率太高，商家的利润会受到影响。所以，一定要注意开盒概率的把控。

拿盲盒玩偶的设计师来讲，他们在设计的时候，通常是成套设计，一套常规款玩偶大概为6款、8款或12款。同时还会设置一个惊喜隐藏款。隐藏款与常规款相比，消费者能够获得的概率则非常小。因此，很多人非常想拥有，甚至觉得能得到隐藏款的人，必定运气爆棚。

假设每套盲盒有12个常规款，每12套盲盒中有一个隐藏款。那么获得隐藏款的概率就是两个1/12相乘，即1/144的概率。也就是说，每144个盲盒中有1个隐藏款。所有人总次数在1~144次的区间内会出1个隐藏款。这样的概率也是较为合理的。

### 4.案例分析

● 案例

泡泡玛特的盲盒模式

泡泡玛特是一个潮流文化娱乐品牌，拥有一支由200多名有着丰富艺术设计相关行业经验的设计师团队。在打造运营的过程中，泡泡玛特与知名IP联合，包括12个自由IP、25个独家IP、56个非独家IP，孵化出多套产品，如婚礼花童、校园公仔、婚礼纪念版、宫廷公仔、治愈系、Pucky泡泡圈、潘神神话、星座公仔、梦幻精灵、梦幻海洋、生肖公仔等。

泡泡玛特在经营过程中，一个重要的商业模式就是盲盒模式。主要通过以下渠道来实现：

第一种：通过淘宝平台上打造的官方旗舰店进行销售。

第二种：通过与实体店合作，在实体店展示实物，吸引消费者购买盲盒。

第三种：在各个商场里设置自动售卖机来销售盲盒。

第四种：在线上开辟微信小程序平台，消费者以抽取的方式获得盲盒。

泡泡玛特在线上线下建立了全面且广泛的销售网络，包括门店、自动贩卖机、线上网店（包括天猫旗舰店、京东旗舰店、抖音旗舰店等）、微信渠道，其收入也实现了递增。

据泡泡玛特财报发布的年度业绩摘要数据显示：2021年的泡泡玛特抽盒收入是9.215亿元，2022年的泡泡玛特抽盒收入是9.547亿元。2023年上半年，仅线上渠道，泡泡玛特抽盒机小程序实现了3.73亿元的收入，天猫旗舰店上半年收入为1.55亿元。抖音平台成为突出渠道，2023年上半年收入约1.1亿元，同比增长了569%。

足见，泡泡玛特在盲盒模式的实施下，得到了很多消费者的喜爱，也赢得很好的收益。

● 赏析

泡泡玛特能够从年轻人喜欢的潮玩盲盒入手，通过线上、线下渠道迎合当下的主力消费人群的喜好和心理需求。此外，泡泡玛特与知名IP联名，实现跨界合作，以有颜、有趣、有温度、有创意的品牌形象得到年轻消费人群的认可。玩转了创意的同时，更增加了商品的附加值，营销效果1+1>2。

## 快闪模式：短暂经营，试水营销

近几年，有一种流行的嬉皮行为，就是许多人在同一时间出现在同一地点，出人意料地做出同一行为，然后这些人再迅速离开。这种行为因为出现得突然，离开得迅速，因此被称为"快闪"。

很多商家觉得快闪挺有意思，虽然出现时间短暂，却很吸引人眼球。于是，便将快闪玩法融入到商业运营过程中。这样，快闪作为一种商业模式便诞生了。经营快闪模式的店铺，叫作"快闪店"，因为其店铺临时设置，而且只开设很短的时间来展示和销售特定商品或服务就会快速撤去，就像是打游击一样，商界也将其戏称为"游击店"。

**1. 玩法介绍**

快闪模式常见玩法如下：

（1）品牌快闪

有的品牌，为了更好地曝光，便在一些客流量较大，且与自身调性相符的线下场所，如商场、商业街等地方的中心地段开一家快闪店，曝光和展示自己的品牌，以此吸引广大消费者的眼球，让更多人知道自己的品牌。

比如，我们知道，大型商场人流量最多的地方就是一层的中心位置,这里人来人往,是通往各个商区、商店的必经之路。在很多大型商场的一层,经常会有品牌搭建一个非常有调性的展台来宣传自己的品牌。这就是典型的品牌快闪模式。

(2)商品快闪

商品快闪模式其实也很好理解,就是在一些人流量较大的地方开一个快闪店,主要是为了达到快速提升销量的目的。这类快闪店,更加适合于那些周期性较短的品牌产品。

比如,羽绒服是人们冬季需求量较大的商品,因此冬季是羽绒服销售的旺季。为了抓紧在冬季快速完成销售任务,可以在线下大量铺设快闪店,在有限的时间内将销量快速提上去。

(3)试水快闪

很多时候,一个品牌推出一款创新产品,想要在正式上市前知道这款产品的受欢迎程度以及销售情况,会提前拿产品去小范围内快速试水。因此,就出现了试水快闪模式。经过快闪店试水,商家就能对之前的问题有一个明确的答案,不论小范围试点获得的市场反馈如何,都能提前给出商家一个进一步规划下一步动作的缓冲时间,不至于在内心没底的情况下就大面积投入市场,而给自己造成巨大的损失。

(4)获客快闪

对于商家、品牌来说,消费者才是其能够保证其长存的基石。

因此，源源不断地获客，是他们做一切经营工作的重点。为了快速获客，商家、品牌会在购物中心、大型商场等地方开设快闪店，并以各种新奇、有趣的形式吸引消费者进来参观和体验，并引导消费者购买。

**2. 特点解析**

快闪模式的特点包括以下几方面：

（1）提高经营效率

快闪店在短时间内如一月、一周、一天，甚至还能在一小时内完成经营和运营，这种商业模式能有效提升商家、品牌的经营效率。

（2）有效节约成本

由于是短期经营，在商场等地方租赁场地也是短期的，商家、品牌方不需要拿出资产购买场地或者长期租赁场地。这样，不但能有效节约成本，还能保证充足的现金流能用于其他方面的运营，以此更好地提升自身整体的营销效益。

（3）快速达成营销目的

开快闪店，无论营销目的是什么，是为了做品宣、完成销售任务，还是为了试水市场、达到获客目的，都能通过"快闪"这种极具创意的形式快速吸引消费者的新鲜感和关注度。关注是一切的开始，有了最初的关注，也就有了实现其他一切目的的可能。

**3. 经营要点**

开快闪店，经营快闪商业模式，看似简单，实则不然，这里边有很多讲究。以下分享几个快闪模式的经营要点。

（1）主题突出

开快闪店，我们必须要明确开店的目的，还要根据目的很好地设置一个主题，将这个主题很好地凸显出来。这样做，可以使你的店铺更具代入感和沉浸感，让人们通过场景氛围，就能感受到快闪活动想要传递的语言，给人们带来不一样的现场体验。这也是吸引消费者入店的有效方法。

（2）内容新奇

快闪店可以根据自己的品牌和产品特点，以及消费者的需求，定制更具风格的内容。但要注意内容的新奇性。比如，在一个完整的消费者动线里，可以通过讲述一个完整的产品或品牌故事，以视觉、听觉、触觉、嗅觉、味觉联动的方式，加深消费者对产品、品牌更深层次的认知。没有创新性内容，快闪店的吸睛能力会大打折扣。

（3）强互动性

做快闪模式的一个显著目的，就是引流。引流的一个重要方法就是引发社交网络讨论。在强互动的作用下，才会有越来越多的人关注到我们的快闪店。比如，我们可以抓住当下年轻消费主力军的喜好，设置一些与品牌或产品相关的争议性话题，吸引消费者与好友进行讨论；或者设计一些融入新奇元素的内容，吸引消费者打卡发朋友圈等。这些都是通过消费者社交互动为快闪店拉人的好办法。

（4）强娱乐性

消费升级已然成为事实，将娱乐属性融入到快闪模式当中，通过玩乐策略，使得传统的销售模式转化为娱乐销售模式，可以很好地、持续吸引顾客。当然，娱乐是手段，引流变现才是最终目的。比如，可以打造与品牌或产品有关的快闪乐园，让消费者在玩乐的同时更好地了解产品和品牌。

**4. 案例分析**

● 案例

### 格力集团的快闪模式

2023年6月，格力集团在东莞的一家京东MALL举办了一场别开生面的快闪活动。该快闪活动围绕"自然有答案"这个主题进行布置。现场将自然色彩融入画面中，设置了3D场景体验区，并将各种家用电器在展示区进行展示。吸引了大批前来参观的市民在这里享受清凉，参与互动，体验和了解格力的夏日清凉装备。

除此以外，为了更好地吸引民众眼球，格力的快闪活动还设置了很多有意思的活动，如亲子互动游戏、夹娃娃、赢盲盒等，而且还设置了能量补给站，为前来体验的人们免费提供精美甜点。这样的快闪活动现场，不但有好玩的，还有好吃的，吸引来了很多小朋友，他们在这里玩得不亦乐乎。格力凭借这场快闪活动赚足了人气。

● 赏析

格力打造的快闪活动，融入免费的吃喝玩乐，使得格力在民众心中树立了很好的品牌形象。格力快闪活动现场在小朋友眼里简直就是一个大型游乐场。有小朋友参与的地方，自然也有家长。这才是格力快闪活动精心布置现场的真实目的。另外，产品3D产品体验场景，可以通过让民众免费体验的形式更好地了解格力的产品，爱上格力的产品。格力借助快闪模式，为自己打了一手好牌。

## O2O模式：线上下单，线下服务

互联网的普及，给线上电商带来了商机。随着新零售的不断发展和延伸，线上电商和线下实体店相结合，线上成为线下的交易前台，成为了一种潮流和趋势。基于此，O2O模式便应运而生。

O2O模式是Online To Offline的缩写，即线上到线下。具体来说，就是将线上与线下相结合以达到营销目的的商业模式。O2O模式一般是线上营销和线上采购，带动线下运营和线下消费。商家通过O2O模式在线上向用户推送线下门店的消息，适用于那些必须在线下门店消费的商品和服务，将用户转化为线下客户，达到营销和销售目的。这一模式对企业运营产生全新而广泛的影响。

### 1. 玩法介绍

O2O商业模式有以下几种常见玩法：

（1）线上支付线下消费模式

这种模式即消费者在线上平台选择和购买自己需要的商品或服务，然后在线下实体店铺进行核销。

比如，当下有一种很流行的线上预定线下消费的O2O模式，就是在快手平台上，一些快手账号借助拍摄的短视频为餐饮店带货，消费者点击短视频下方的门店预定链接，进入预定购买页面，选择自己想要购买的产品,并在线上完成支付。消费者可以在有效期内到线下指定门店,将订单信息提供给商家进行确认,以便商家提供餐饮服务。如果订单过期,商家则全额退款。

(2)线上预定线下消费

线上预定线下消费模式,就是消费者在线上平台预定产品或服务,然后在线下实体店进行消费。这种模式,不同商家在支付方面的要求不同,而分为三种情况:

第一种:商家要求消费者预定的时候就需要支付消费费用。

第二种:商家为消费者提供免费预订服务,消费者无须在线上预定的过程中支付消费费用,在线下正式消费的时候再进行付款。

第三种:商家要求消费者在预定的时候先支付部分金额,在正式消费的时候再缴纳剩余费用。

通常酒店会为消费者提供酒店预订服务,有的酒店为了保证预订的真实性,会要求消费者在预定的时候就需要全额付费;有的则要求消费者先支付一部分定金,消费者在前往入住,支付入住费用的时候,这部分定金作为消费金额进行扣除。

当然,有的酒店会为消费者提供免费预订的服务,消费者只要在线上申请预定,就可以到线下酒店入住预订的房型,并完成支付即可。

### （3）线上引流，线下购买

很多商家会在线上做一些推广和营销活动，如限时优惠、限时折扣、线上抽奖等，以此吸引消费者眼球，使得消费者到线下实体店铺购买商品。

滴滴出行为了刺激消费者打车出行，在微信公众号"淘券特工"上推出促销活动，用户可以在该公众号免费领取一定金额的优惠券，用于线下打车支付费用。这种线上引流，线下购买的模式，为用户带来了很多实惠，同时也为滴滴出行带来了更多流量和销量。

### （4）线上种草，线下购买

O2O还有一种常见模式，就是线上服务，线下购买模式。商家会在线上平台为用户提供虚拟商品展示、产品体验、免费咨询等服务，然后引导消费者到线下实体店进行实际体验和购买。

如今，有很多旅游公司，为了更好地吸引流量，会在自建的平台上，借助最高科技的体验手段、最高科技的体验方法、最高科技的体验模式，再加上更多的创意思路，将更多的景点环境、景点氛围、景点蕴意等在线上动态地展现给用户。用户在浏览之后，便会被这些有趣、美好的场景体验所吸引，更因此而产生强烈的"到此一游"的旅游兴趣。技术和创意都是为吸引消费者到线下景点亲身体验而服务的。旅游景点也是借助这种O2O模式达到了引流、变现的最终目的。

## 2. 特点解析

O2O模式在具体经营的过程中，呈现出以下几个突出的特点：

（1）解决信息不对称问题，降低经营成本

O2O模式通过线上营销和线下消费的方式，将互联网作为线下实体店的前台，有效解决了商家与消费者双方信息不对称的弊端，通过线上营销将消费者直接引流到本地线下实体店内，降低了物流成本，减少了广告成本。

（2）拓展消费渠道，有效提升流量

在当前互联网时代，生活节奏明显加快。智能手机不仅成为了人们的通信联络工具，而且是人们休闲娱乐与便捷购物的重要工具。在地铁、公交上，我们经常可以看到很多人低着头手里拿着一部手机，有的在玩游戏，有的在微信聊天，有的在刷短视频，有的在网络购物，有的在追剧。毫无疑问，网络正在改变着人们的生活、工作和消费方式。O2O模式正是走在了零售业变革的道路上，迎合当下人们的消费喜好，并用相应的策略，如发放优惠券、线上体验等，将那些在社交平台、短视频平台上的潜在用户吸引到线下，在拓展了消费者消费渠道的同时，为自身店铺引来了更多的流量。

（3）减少消费时间，提升变现能力

在当前商品同质化时代，对于消费者来说，是否购买你的产品，取决于两点：第一价格是否具有高性价比的优势，第二是否能实现便捷化购物。O2O模式下，消费者只要用手机应用搜索附近商店，选择自己需要的商品，预约好线下取货或享受服务的时间。对于商品或服务的选择、具体消费时间的安排，消费者有了更多的自主选择权。与传统进店消费相比，消费者既能以更加优惠的价格获得商品或服务，又能享受便捷化购物体验。

（4）保证现金流，掌控销售额

O2O模式下，消费者通常需要线上完成支付，线下到店核销，是一种先支付后享受的模式。对于商家而言，在接到订单之后再去备货，接多少订单，店里备多少货，无须担心现金流不足的问题，还能实时掌控销售额。可以说，O2O模式是一种更为理想的商业模式。

**3. 经营要点**

经营O2O模式，需要注意以下几点：

（1）足够强的优惠吸引力

O2O模式的主要目的，就是将线上用户吸引到线下门店去消费，实现流量转化。这里的吸引力，可以通过足够强的优惠信息来实现。天下熙熙皆为利来，天下攘攘皆为利往。足够大的优惠力度，就是吸引流量的一柄很好的利器。

（2）注重用户体验

O2O模式的核心是线上线下相互融合，注重用户体验。在当前的新零售时代，只有线上，缺失线下体验的O2O是不完整的，甚至可能导致整个模式的失效。

比如，消费者可以在线上浏览产品信息的时候，还能获得更加真实有效的评价。

比如，可以将线下核销的期限做一个适当的延长，这样消费者有时间的时候可以去店内核销，而不是不管不顾要求消费者必须在短时间内完成到店核销。

再比如，如果消费者没时间去核销，或者时间一长忘记了去核销而导致订单超过核销截止日期，我们可以为消费者提供免费退款服务。

这些机制都可以为用户带来好的用户体验，这也是真正为我们带来良好口碑，获得源源不断流量和销量的关键。

（3）注重社交化元素的应用

发放优惠券是吸引用户消费的一个重要方法。但发放优惠券也是有讲究的。直接发放，不如设置发放门槛更有意义。要充分注重社交化元素的应用。什么是"社交化元素"？关注、分享、沟通、讨论、互动等，都属于"社交化元素"。我们可以设置优惠券发放门槛，如关注领取优惠券、分享领取优惠券。当然，也可以设置阶梯，在合理、合适的情况下，分享的次数越多，享受的优惠力度越大。动动手指就能获得超值优惠券，用户又何乐而不为呢？

### 4. 案例分析

● 案例

## 河狸家的 O2O 模式

河狸家是集美甲、美睫、美容、健身、美体、美发、化妆造型等服务于一体的美业服务品牌。河狸家的商业模式有其独特之处，即采用的是O2O模式。目前，河狸家是国内唯一一家全美业O2O平台。

河狸家将线上线下相融合，走的是"线上下单预约，线下上门服务"的O2O模式路线。河狸家的生意，除了自建平台如河狸家APP、河狸家官网之外，还入驻了多个平台，如淘宝、京东、饿了么、盒马鲜生等，为消费者提供便捷的服务体验。

消费者可以在以上平台选择自己需要的服务，并完成线上支付。之后再根据自己的情况预约上门服务的时间和地点。河狸家的手艺人会根据预约信息为消费者提供相应的优质服务。河狸家的这种O2O商业模式非常受消费者青睐，河狸家也通过这一模式赢得了消费者的满意度和忠诚度。

### 赏析

河狸家的O2O商业可以说非常独特、别具创新。

对于消费者来说，不仅满足了自身的服务需求，还可以随时随地在线下享受便捷、高效的购物体验。比如消费者可以在上班的午休时间、喝下午茶的空闲时间完成美甲服务。这极大地刺激了那些平时爱美，却没有时间跑去线下美甲店做美甲的人的潜在需求。

对于商家而言，这种线上购买，线下上门核销的模式，与传统门店美业服务门店相比，无须租赁门店，只需要租赁一定的办公空间，省去了门店租赁成本、装修成本、水电成本等。可以说是一种轻资产商业模式。更重要的是，河狸家与多个平台合作，实现多渠道引流，在有效提升自身知名度的同时，更是将各平台流量转化为自身流量，在有效激活了潜在市场增量。这些都足见河狸家O2O商业模式的优势。

## 共享模式：闲置资源互通有无

当下，人们的物质生活极大丰富，很多人都有不少闲置资源。资源一旦闲置，就失去了价值，就会导致资源浪费。很多生意人洞察到了这一点，便想着如何将闲置资源进行合理配置，实现互通有无，让其发挥应有的价值。于是，一种全新的商业模式也就诞生了，这种模式就是共享模式。

共享模式，其实就是一种理想的资源配置模式，其出发点是通过物联网将人们手中的闲置资源聚集起来，并重新调配给有需求的人。该模式就是将原本闲置的资源重新利用起来，让其重新发挥应有的作用和价值。另外，在闲置资源共享的同时，闲置资源的所有者将闲置资源的使用权以相对于购置而言较低的成本让渡给有需要的人，实现了闲置资源的社会化利用。

在共享经济模式下，商品或服务的供应者和消费者之间的界限比较模糊。供应者既是消费者，又是产权的所有者，将产权让位于资源共享，所有权让位于使用权。

### 1. 玩法介绍

共享模式在具体经营过程中，演化出很多种玩法，常见几种如下：

（1）房屋租赁共享

房屋租赁共享，就是通过网络平台将业主闲置的房屋聚集在一起，帮助租客更好地寻找和租赁房屋，同时也为房东提供了更加便捷的房屋出租渠道。房屋租赁共享通常面向的业务是短期租房。其具体玩法是：

首先，房东需要将自己的身份信息等在共享平台上进行认证，然后将自己闲置房屋的相关信息发布在共享平台上，并等待通过申请验证。验证公告后，就可以等待接待房客。

之后，房客根据自己的需要，选择喜欢的地理位置、户型、大小、价格、租房类型（如合租、整租）等，还可以查看周边环境信息，包括购物、交通、安保设施等。选好后，提交预定并完成支付，此时房东也会接到订单信息。

最后，等待房客正式入住时，房东需要正常接待房客，为房客办理入住，并提供像家一样的入住服务。房客在入住结束后，便和房东完成交接。房屋再次进入待租状态，等待新的房客入住。

房屋租赁共享，通常见于短期租赁，吸引了不少旅游爱好者的喜爱和推崇。

（2）交通出行共享

谈及交通出行共享，相信很多人都知道滴滴出行、神州租车，它们有一个重要的业务，就是汽车共享。交通出行共享，就是通过应用App和物联网技术，将私人限制车辆与有需求的用户连接起来，实现车辆定位、预约、支付等功能，方便民众出行，解决私人车辆资源闲置的问题，有效缓解了城市车辆拥堵的问题。具体玩法如下：

有闲置车辆的车主在相关汽车共享平台上按照提示进行注册，然后进行身份审核、车辆审核。审核通过后，即可把自己的闲置车辆进行共享。对于用户而言,同样需要在共享平台上进行注册,并上传身份证、驾照。在平台审核通过后,支付汽车押金,然后在地图上找到附近的车辆,在了解车辆信息和距离之后,找到车辆并通过手机打开车门,就可以使用车辆。在使用完毕后,将车辆停到指定地点并确认成功返回车辆。系统会通过用户微信或支付宝扣除相应的汽车里程使用费用。

(3)办公空间共享

对于很多创业人士而言,创业既艰辛,又需要花费很多资金。因此,开源节流是创业之初最重要的两件事。考虑到租房成本,共享办公空间成为了一种有效的"节流"方式。有需求就有商机。因此,很多生意人开始面向创业者的这种需求,创建办公空间共享模式。

办公空间共享,就是为了给员工提供一种灵活的工作方式,员工可以根据自己的喜好、工作需要等,选择办公地点。场地提供者将办公空间做出多个区域的划分,如办公区、会议区、沙龙区等,出租给不同的承租者,承租者各自掏出一部分租金,拼用同一个办公空间。各个承租者根据自己的工作量、工作性质、工作时间需求,拼用的可能是一个工位,也可能是一个楼层的一间办公室、会议室等。

举个简单的例子。一家公司的业务员可能经常要出差洽谈业务,如果在自己入住的酒店房间洽谈业务,显得不够正式,可能会被认为对本次商务合作不够重视。共享办公空间就很好地解决了这个问题。业务员可以到一家写字楼,共享一间商务洽谈专用的会议室。这样的会议室有很好的氛围感,能更好地促进洽谈的进展。

这样的办公空间共享模式可以让员工更加灵活地安排自己的工作时间和空间，从而提高工作效率。

（4）人力资源共享

随着经济的发展，人力资源优化利用成为一家企业经营过程中的重要任务。人力资源共享模式，可以在企业订单不多而导致员工需求量降低、部分员工放假赋闲在家的情况下，可以将他们调到其他缺人手的企业去工作，但不改变员工与原来企业之间的劳动关系。

这种模式能够很好地平衡员工富裕企业和缺工企业之间的人力资源。同时也更好地满足劳动力需求。

### 2. 特点解析

共享模式具有以下特点：

（1）供需平台化

共享模式是建立在互联网、大数据、云计算、物联网等先进技术基础上构建的一种供需平台化模式。基于互联网，将各类分散、闲置资源聚集在一起，让供给方与需求方之间进行实时沟通，以最快的速度实现资源精准匹配。在相关技术的支持下，保证供给方与需求方之间的利益。

（2）信息公开化

共享模式能够顺畅运行，是因为有足够多的参与者，而且借助网络技术和大数据技术等，每位参与者，无论供给方还是需求方，在平台上的信息都是公开化的。这是平台成功撮合供给方和需求方的前提，从而实现信息准确化、实时化，有效聚集更多的参与者。参与者的参与度越高，经济效益就越好，参与者能够获得的价值、收益也就越多。对于平台来说，能够形成一个良性循环。

（3）交易去中心化

共享平台的本质也是起到了一个中介的作用。但这种中介的角色，与以往商业模式中的中介，是有一定区别的。以往的商业模式中，中介以较低的价格买入商品或服务，然后再以较高的价格卖出商品或服务，从而赚取差价。在共享模式下，共享平台作为中介公布供给方产品、服务信息，吸引需求方并撮合交易达成。对于共享平台来讲，他们的收入来源于：

①广告收入

共享平台通过向商家出售广告位来赚取收益。共享平台根据用户喜好、习惯等，为其精准投放广告，帮助商家达到营销目的。

②分成收益

共享模式下，共享平台与供给方是合作关系，平台从中获得相应的分成作为收益。

比如，共享汽车平台与汽车出租公司合作，将闲置的汽车租赁出去。共享平台赚取相应的分成。

③押金和服务费

押金和服务费也是共享平台的一项收入。对于那些高端共享产品，平台会向需求方收取较高的押金。另外，平台还会收取一定的服务费作为自己的收入。

### 3. 经营要点

经营共享模式，需要注意做好以下几点：

（1）挖掘闲置且稀缺资源

共享模式能够持续运营下去，就需要有大量闲置且稀缺资源做支撑。这些都是平台运行必备的"货源"。无货不商，没有货源做后盾，生意没法做起来。

（2）利好政策激发聚集效应

用户至上，没有用户的平台，终将难以为继。对于平台来讲，供给方和需求方都是自己的用户。利好的政策，如需求方优惠券补贴政策、供给方扶持政策等，可以对于供给方和需求方，都可以起到很好的聚集效应。这也是共享模式下，生意能够持久的根本。

（3）维护平台良好秩序

对于很多电商卖家而言，他们担心的是，从平台售卖出去产品却收不回来资金，退货后产品受到损坏无人赔付等；对于买家而言，他们担心的是付了款拿不到商品，甚至商品有问题却无法得到解决。共享平台作为一个中介来讲，要一碗水端平，要同时保证供给方和需求方双方的权益。因此，要做好平台制度、规则等，对双方行为进行有效约束的同时，更好地建立起信任关系。有了游戏规则和制度做保障，供给方和需求方都能够在平台上放心交易。

举个例子来说明。做共享模式，供给方让渡的是产品的使用权，需求方在使用完产品之后，是要将产品归还给供给方的。在闲置物品正式让渡使用权之前，需求方需要先确认物品没有损坏、可以正常使用等。在归还物品时，供给方同样需要确认收回的物品毫发无损。如果在正式让渡使用权之前，需求方发现物品有问题，可以通过拍照、拍视频上传等方式做证明，避免给自己带来不必要的经济损失；如果需求方在交回物品时，供给方发现物品有破损等，同样可以上传相关证据，依平台规则获得需求方相应的赔偿。

**4. 案例分析**

● 案例

### 小猪民宿的共享模式

小猪民宿是一个知名的共享住宿服务平台，主要是面向广大用户提供短租服务。

小猪民宿平台上分享的闲置房源类型十分广泛，有四合院、花园洋房、百年老建筑，还有森林木屋、星空景观房等，为顾客提供相对于传统酒店更具人文情怀、家庭氛围，以及极具性价比的住宿选择。

凡是入驻小猪民宿平台的房东，都可以享受免费入驻服务，平台只向房东收取交易金额的10%作为佣金。在政策扶持上，小猪民宿向房东免费提供专业性指导，如免费上门拍照、智能锁安装、保洁，以及免费培训等，帮助房东将其闲置房源打造成标准化民宿。通过这些利好政策吸引更多的房东入驻平台。

对于租客方，小猪民宿针对不同的场景需求，推出了商旅、出境游等多样化短租服务。此外，小猪民宿还允许租客带宠物入驻，力求让更多的租客可以获得租房需求的满足。

此外，小猪民宿还想用户之所想，急用户之所急，构建起了一系列用户信用体系。如实名制体系、芝麻信用机制等。为了解决房东对于租客的安全存疑问题，平台通过实名制、芝麻信用等手段，确保每一位租客信息的真实性，有效化解房东的疑虑，还推出了《房东财产综合保险》，对房东住房的安全性给予极大的保障。为了解决租客的商旅痛点，如房源的真实性与安全性痛点，小猪民宿同样对房东房源信息进行实名认证，还推出了《房客住宿意外保险》；为了解决租客发票报销方面的问题，小猪民宿推出了短租商旅业务，将住宿切入商旅市场，为租客提供住宿及办公空间，同时也解决了发票问题。

基于共享模式，再加上高明的经营策略，小猪民宿的生意如今已经从国内延伸到了海外。小猪民宿，未来可期。

### ● 赏析

小猪民宿从房屋共享入手，在经营的过程中，有很多方面值得我们借鉴和学习。

首先，小猪民宿为房东和租客搭建了一个闲置资源实现供需匹配的平台，盘活了闲置房产资源，保证了房东闲置资源能够再次发挥其应有的价值。

其次，相比于传统酒店，小猪民宿还可以带宠物入住，这一人性化服务是一种创新，更是一种"人情味"住宿体验的提升，满足用户个性化、差异化租住需求。

再次，小猪民宿为房东和租客制定了很多利好政策，有效增加了双方对平台的黏性。

总之，小猪民宿的共享模式，打破了传统住宿消费观念，向更加个性化、服务型消费转变，与传统住宿相比，在市场中更具优势。

## 定制模式：适合消费者的才是最好的

以往，很多生产厂家都是批量生产，它们生产什么，就会在市场上销售什么，消费者就不得不买什么。但并不是生产出来的产品就能够很好地满足每一个人的需求。对于那些有特殊需求的人来说，这种批量生产出来的产品显然不适合他们。只有适合消费者的，才是最好的，才是最受消费者欢迎的。为此，一种全新的商业模式——定制模式应运而生。

所谓定制模式，就是通过模块化，让个性化定制的产品实现大规模生产制造的模式。通俗地说，就是消费者需要什么，生产制造商就为其定制什么。

### 1. 玩法介绍

定制模式，通常有以下几种玩法：

（1）原创设计定制

原创设计定制玩法是常见的玩法之一，是生产制造厂家根据消费者需求，为消费者专门设计和定制产品。

消费者需要定制一款裙子，将自己的领围、肩围、胸围、腰围、臀围等信息报给生产厂家，并说明自己对裙子款式、面料、工艺、风格等的要求。然后，生产厂家的专业设计师根据消费者提供的这些数据，为其设计定制更加符合消费者独特需求的裙子。

（2）消费者参与设计定制

消费者是最懂自己需要什么的，消费者参与设计定制，是又一重要模式。这一模式中，消费者既是产品的购买者，又是产品的设计者，使得供需匹配更加精准。

小米科技就是一个注重消费者参与设计定制的典范。小米科技的用户群体以及米粉是一群年轻、时尚、充满活力的人群，对于小米产品来说也势必要求其外观设计时尚前卫，使用功能更加适合年轻人的使用习惯和爱好。因此，小米科技不管是线上还是线下，无论什么时候，都极力希望用户能够参与进来。小米科技甚至让粉丝参与到产品设计当中，发动数百万粉丝与小米团队一起做手机，一起玩。

之后会根据米粉的意见对产品进行改进，然后根据用户对新功能体验进行投票的结果确定做得好的项目。如此一来，用户体验和反馈的价值就被最大程度地表现出来了，小米也因此为粉丝定制和生产出了最符合粉丝需求的产品。

（3）外包定制

有很多品牌商是将设计定制环节交给外包设计及生产企业来完成

制作的。他们将产品的详细参数传输给外包设计公司，由其完成设计和制作，最终品牌商从外包设计公司获得定制的成品进行售卖。

**2. 特点解析**

定制模式主要有以下特点：

（1）满足消费者个性化、多样化需求

消费者通常在货比三家之后，才最终花钱购买一件产品。能够让他们心甘情愿购买的，必定是能最大限度满足其需求、能够彰显其个性的产品。定制模式能够精准满足消费者的个性化、多样化需求，促进供给与需求高效匹配。这种模式有利于提高消费者的消费体验，提升顾客满意度，增强品牌忠诚度。

（2）以需定产，减少库存

个性化定制，实现了以需定产，可以在订单完成之后进行生产，有效减少库存压力，避免过度生产和滞销。

（3）降本增效，独创竞争优势

定制生产消费者需要的、更加符合其偏好的产品，才能更好地走进百姓生活，得到大众的认可，进而激发扩大内需，达到增收盈利的目的。这种定制模式，是根据消费者的需要进行生产的，与传统的盲目批量生产相比，能够少走很多弯路，有效节约生产成本。而且设计出来的产品与众不同，能在市场中脱颖而出，获得更强的竞争优势。

**3. 经营要点**

经营定制模式，要注意：

（1）注重品质的把控

定制模式的一个突出特点就是能实现产品的个性化、独特化。但要想让消费者保持更好的黏性，品质才是制胜的关键。品质是定制模式的核心，我们应当注重产品细节的把控，确保产品的品质和耐用性。

（2）提供优质的定制服务

对于服务而言，个性化设计是核心，要与消费者耐心沟通和交流，了解其需求与喜好，并为其提出更加符合其自身特点与期望的定制方案。同时，还应做好售后服务，增强消费者的满意度和信任度。

（3）提高自身整体协调能力

定制模式是先有定制数据，再着手设计和生产。这一模式得以成功，重点就在于要求企业的内部与经营管理系统之间进行有机整合。外部营销部门要做好用户价值和需求数据的挖掘，内部设计生产部门要做好定制生产工作。内外相互支持，上下相互协同，才能形成一个良性循环，使得定制生意能够持续盈利。

### 4. 案例分析

● 案例

#### DR钻戒的定制模式

"钻石恒久远，一颗永流传"，这句经典广告语，相信很多人都听过。在爱情与婚姻里，钻戒代表着"纯洁的爱情""对爱情永恒的追求与忠贞"，这也是人们结婚买钻戒的原因。

DR钻戒作为一个钻戒品牌，以私人定制规则和"一生唯一真爱"的浪漫寓意，击中了无数年轻人的内心，成为行业中最受年轻人追捧的品牌之一。

DR钻戒有一个非常严苛的购买规定，那就是男士都要凭自己的身份证信息，定制DR钻戒，且一生仅能定制一枚DR钻戒。此外，每一个购买钻戒的男士，都要与DR钻戒签订一份真爱协议，确定"一生唯一真爱"，并送给绑定的一位女士。更重要的是，这份购买记录一辈子不能修改与删除。更重要的是，每一枚DR钻戒都是独一无二的，都绑定了一个唯一真爱编码。这些编码见证着不同消费者的专属爱意。DR钻戒凭借定制模式，吸引了很多相信爱、更懂得爱的人，使得他们更加明白真爱的可贵。

● 赏析

每个人都希望自己能够获得一生唯一的真爱。DR钻戒深刻洞悉消费者的情感需求，对人性做出精准把握，用定制模式打造唯一真爱编码，将一生唯一的极致浪漫，植入婚恋当中。同时，这种对消费者的独一无二的专属定制服务，也给足了消费者仪式感满满的体验。可见，DR钻戒已经在钻戒领域凭借差异化营销手段，为自身构建了强大的竞争优势，从精神层面上就已经打败了其他普通钻戒品牌。

## 众筹模式：共同出资实现共同的梦想

近年来，众筹作为一种商业模式，已经在商业领域为众多创业者和生意人带来多重好处，也让他们尝到了实实在在的甜头。众筹模式受到越来越多人的关注。

那么什么是众筹模式呢？众筹，即大众筹资、群众筹资。这里的"资"，泛指资源，可以是财力、人力、物力。众筹模式就是由个人或组织作为发起人，在相应的众筹平台上发起募资活动，由感兴趣的跟投人参与，进而获得所需要的资助，实现商业目标。跟投人则获得相应的实物、服务等，作为参与的回报。

举个简单的例子。假如有一盘菜，价格是400元，但你的手里只有100元，你又十分喜欢这道菜，也十分想吃。于是，你找了4个人，他们和你有相同的想法。你们每人拿出100元，大家就都能吃到这盘菜，每个人的目的也就都达到了。

### 1. 玩法介绍

众筹模式常见玩法如下：

（1）回报众筹

回报众筹是最为简单的众筹方式。通常是一家公司的产品已经设计完成，但资金不足，于是发起众筹活动，寻找资金的支持。跟投人最终获得项目产品作为回报。简单的理解，就是"我给你钱，你给我产品"。从本质上看，回报众筹模式也是一种"团购+预购"的模式。

因为跟投人在项目完成后会获得项目发起人赠与的回馈品或纪念品作为奖励。因此，回报众筹又称为奖励式众筹。

回报众筹的典型平台，如京东众筹、淘宝众筹等，发起人可以在这些平台上发起众筹活动。

（2）公益众筹

回报众筹对跟投人给予回报。公益众筹与回报众筹相反，是发起人在平台上发起活动，跟投人参与捐款、捐物等赞助某一公益项目或慈善机构，但不求实质性的财物回报。简单理解，就是"我给你钱，我什么都不要"。公益众筹模式下，跟投人重在参与，而不会计较出资是否能获得回报。

公益众筹的典型平台，如腾讯公益、轻松筹等，发起人可以选择需要的平台发起众筹活动。

（3）股权众筹

股权众筹，也是一种互联网商业新模式。它指的是发起者拿出公司的一部分股份，在众筹平台上发起项目众筹活动。对项目感兴趣的跟投人通过出资入股公司，股份则是自己出资获得的回报。简单来说，就是"我给你钱，你给我股份"。

通常，股权众筹是被创新创业者或者小微企业用于为项目筹集资金的一种主流模式。

股权众筹的典型平台，如人人投、天使街、云筹等。

（4）物权众筹

物权众筹也是一种常见的众筹模式。物权众筹指的是发起人发起众筹活动，希望通过筹集的资金收购实物资产，以此资产的升值变现获取利润。并承诺，向跟投人以发放经营分红、租金分红以及物权未来的增值收益的形式作为回报。这种模式主要用于汽车、房产方面的众筹。

拿汽车的物权众筹为例。我国知名的汽车众筹平台如中国众投、融车网等，这些平台在精选一些有利润空间的二手车之后，发起众筹活动。将众筹来的资金用于买入这些有利润空间的二手车辆。然后再通过市场化出售，获得的买卖差价再扣除相关费用之后，剩余的利润按照跟投人出资的比例进行分成。

**2. 特点解析**

众筹模式的特点如下：

（1）门槛低

在理想状态下，几乎每个人，不分年龄、性别、职业、身份、地位，只要对项目感兴趣，都可以成为众筹项目的发起者和跟投人。从这一点来看，众筹模式降低了发起者和跟投人的准入标准，为中小型企业和个人创业者提供了新的融资渠道。同时，也为大众投资人提供了一个将闲散资金合理调配的理财机会。因此能吸引大众积极参与众筹募资活动。

（2）风险分散

做生意，有利可图，但风险共存。通过众筹模式，可以使得项目所消耗的大量资金、资源等通过跟投人来获得，这样可以有效缓解企业资金运转压力，分散企业项目失败所应承担的风险。

（3）变相广告宣传

众筹除了能够让企业获得资金、人力、物力资源之外，还能利用庞大的互联网群体的强交互性，提前为自己做低成本广告宣传。

（4）检测市场能力

一个项目的好坏，市场说了算。借助众筹模式，企业还能达到产品预售的目的。预售效果越好，说明产品的设计开发受到了消费者的欢迎和信赖。这样的产品，市场能力、市场前景自然不错。

**3. 经营要点**

经营众筹模式，需要掌握的要点如下：

（1）项目注重创意性

人们往往对那些极具创新、创意性的东西更加感兴趣，更能吸引他们的关注和参与。发起众筹项目，想要成功提升出资人对项目的中意程度，重要的一点就是要注重项目的创意性。如果项目本身平平无奇，缺乏创意与亮点，很难吸引出资人的兴趣，更难以获得出资人的支持。相比较而言，那些众筹成功的项目，大多数是一些集中于科技和创意类的项目。所以，在发起众筹活动之前，我们首先要保证项目的创意性，其次还要将创意性达到可展示的程度，而不仅仅是一个概念或点子的时候就发起众筹活动。

（2）选择项目平台

众筹模式的玩法较多，我们应当根据项目众筹模式，选择适合的项目众筹平台。有的众筹平台对项目的审核是比较严格的，在选择项目平台之前，还应当对项目符合的平台进行细致了解，确保众筹项目能顺畅通过。

（3）确定众筹时间线和众筹目标

在正式启动众筹项目之前，首先要设定众筹项目时间线。这一点很有必要。因为，时间线涵盖了广告运行时间、成品交付时间、奖励交付时间。在众筹项目开始和结束的过程中，初始的时候能够获得较快的增长，但中间会有一段空档期。要确保广告的持续时间和吸引跟投人参投的时间取得二者的平衡。以保证我们的众筹项目能够有足够的时间去完成。

另外，确定众筹目标是关键。如果目标定得过高，有难以完成的风险；如果定得太低，众筹的意义也就不大了。因此，要根据生产和制造成本、员工工资、包装运输成本以及其他间接费用进行一个估算，使得众筹设定的资金目标确保能够支撑这些费用的支出。

（4）讲一个好故事

我们的众筹项目是否能够吸引广大跟投人心甘情愿参与，关键在于我们如何说服他们。这就需要我们根据产品或服务项目的突出特点、特色等做一个清晰的展示。同时，还要为产品或服务项目讲好它背后的故事，打好情感牌。感人至深的故事，更容易打动人心，更容易成功吸引大众跟投。

（5）利用好回报激励

回报激励是对跟投人支持你的一种激励形式。在设计回报方案的时候，一定要确保其吸引人并能够实现；要根据自己的经济能力选择不同程度的回报；要给出一些特殊的回报方式，以增加吸引力和独特性，如限量版纪念品或者一些服务的体验特权等。

4. 案例分析

● 案例

### 小米科技的众筹模式

一款售价为39元的映趣电动剃须刀曾在小米有品平台上做过一

场为期仅14天的众筹活动。只要对产品的性能、理念、外观等比较认可，就可以参与此次众筹活动。

为了更好地吸引大众参与，小米科技对这款剃须刀的刀头设计、智能系统、自动研磨技术、精美外观、高级别防水性能、使用体验等做了详细描述和展示。对于一位精致的男士，拥有一把属于自己且好用的剃须刀非常重要。小米科技的这款剃须刀从各方面来看，都是男士比较中意的款式。也正是如此，有很多人都积极参与到这场众筹活动当中。当达到目标值后，消费者只需等待收货即可。

在短短14天时间里，35.7万多人参与其中，小米科技不但完成了众筹金额，还超出了很多，其众筹金额达到了1125万元，众筹完成率达到了14142%。凡是参与众筹的投资者，后期都可以获得一件同款剃须刀作为回报。本次众筹活动，全款支持的人数达到282852万人，小米科技相当于在产品上市之前，就已经提前销售出去282852万台剃须刀。

小米科技的众筹成功案例本身就是业内一个引人注目的话题，这次众筹活动更是直接刷新"小米众筹"纪录，成为了业界佳话。

● 赏析

小米科技的众筹模式之所以能够获得巨大的成功，以上案例就能显露端倪。

第一，小米科技选择自有平台——小米有品做众筹。小米有品是小米科技旗下致力于成为新中产优选的精品电商平台。一方面，自家平台知根知底。另一方面，相当于为小米有品平台做了一次很好的宣传，为小米有品带来更多的流量。

第二，小米科技为一款剃须刀做众筹，让大量用户先出钱，然后拿着众筹资金去生产。解决了产品生产制造等相关成本问题，还降低了品宣成本，增加了自身知名度，更保证了消费者在产品生产出来以后，第一时间能以一个更好的价格拿到优质产品。如果用户发现自己参与的产品能有好的销量，自己也会觉得脸上有光，自然也会愿意主动将产品推荐给身边的其他人。

第三，小米科技全方位向大众展示这款剃须刀独特的设计和卓越的性能，是吸引众多人参与众筹的关键。这也充分说明，小米科技对市场需求有着更加精准的把握和市场洞察能力。

总之，成功有方法。强大的创新能力、敏锐的市场洞察能力在众筹模式成功的路上必不可少。小米科技凭借众筹模式也为其产品的宣传和销售又打开了一扇新的窗。

# CHAPTER 9 第九章
# 未来商业模式走向展望

时代的车轮永不停歇，商业模式未来的发展，也必将随着科技的发展和社会的变革，以及未来商业环境的变迁，不断发生变化，甚至引发重组。不论未来的商业模式究竟会朝着什么样的方向发展，我们相信，其必然会在不断变革中，变得更好。

## 线上线下深度融合

在早期，互联网出现之前，人们做生意都依托线下实体店铺。彼时，商业模式也都围绕线下展开，消费者需要亲自到实体店才能购买商品或者享受服务。

随着互联网的不断普及，电子商务作为一种全新的商业形态出现在人们的视野。此时，越来越多的商业活动都开始向线上转移。人们的消费方式也发生了巨大的变化，网上购物、线上支付、坐等送货上门，已经成为了一种更具便利性和灵活性的消费方式。电子商务成为商业模式向线上转移的重要标志。此后，更多的商业模式，也朝着线上进行变革。

电子商务的出现，消除了地域和时间的限制，使得消费者可以随时随地进行购物。凭借其更多的选择和便利性特点，电子商务受到了广大消费者的青睐，同时也给线下实体店带来了不小的冲击。

在双方相互较量的过程中，彼此的劣势也逐渐凸显。电子商务的缺点是，虽然便捷性增加，但消费者难以获得实实在在的体验感，只能看得见，却难以摸得着；线下实体店则随着电子商务的兴起和消费者购物习惯的改变，再加上各种店铺租金、人员工资等成本费用较高，经营也变得越来越困难。

做生意，终究做的还是流量的生意。没有流量，生意将寸步难行。在这场线上与线下生意的竞争中，各种应对之策不断推出，"品质战""价格战""服务战"此起彼伏，为的就是能够吸引更多的顾客。

残酷竞争的尽头，必然是合作。转变思维，才能打破瓶颈，找到更多商机。这就必然催生一种新的商业模式，这种模式能够将线上、线下相融合，既能扩大彼此的销售渠道，又能为消费者带来更好的消费体验。更重要的是，能够在各项技术的应用下，实现消费者数据、商品、服务一体化贯通，有效提升商业运营的抗风险能力和经营弹性。

近几年，像智慧门店，就是借助当下先进技术，如物联网、大数据、AI摄像头，以及智能闸机、货柜、货架等，使得线上线下实现无缝衔接，购物变得更加便捷化、高效化，购物体验显著提升。再比如一些无边界零售柜，消费者在线下自助柜选择自己需要的菜品，然后在线上扫码并支付，就可以直接取到菜品。

这些线上线下相结合的商业模式，既有非常好的购物体验，又能很好地节约租金、人工成本，对于消费者和商家来说，可以说是实现了双赢。毋庸置疑，线上线下相融合的商业模式，必然是未来的潮流和趋势。通过实现线上线下相融合，我们必将迎来一个更加智能化、便捷化的电商时代。

## 个性化消费成主流

科技进步永不停歇，人们的生活水平也在不断提升，消费者尤其年轻群体是这个市场消费的中坚力量，拒绝千篇一律，越来越注重个性化、多元化、悦己化。他们更加愿意为产品和服务的个性化买单。可以预见，未来购物将进入一个全新的时代——个性化消费时代。未来商业模式的发展趋势，也必然以满足消费者的个性化消费需求为主线。

传统的先生产后销售、一揽子服务，消费者只能被动选择已经存在的产品和服务，这已经不能满足当下消费者日益增长的多元化需求。如今的消费者更加注重个性化定制、个性化服务体验。个性化定制模式下，消费者获得了更多的选择权，他们可以根据自己的需求和喜好，定制专属于自己的个性化产品和服务。这种模式能更好地满足消费者的需求，增强消费者满意度，进而更好地促进市场的发展。

近年来，个性化定制的产品和服务备受消费者欢迎。

拿家政服务来说，当下的家政服务已经不能局限于传统的保洁、保姆等基础性服务，而是向着个人家庭厨师、私人理发师、养老陪护等个性化、私人化方向拓展。消费者可以根据自己的实际需求，获得更加适合自己的定制化服务内容。这样可以更好地提升消费者的生活品质。

再比如旅游领域。如今，人们对于旅游的需要也越来越多元化，不再满足于传统的跟团游，个性化旅游体验成为人们的"心头爱"。旅游行业也根据消费者的个性化需求，推出了定制化旅游模式。旅游服务也都结合消费者的兴趣爱好、时间安排等，为其定制更加适合的旅游线路和行程安排。这样，消费者能获得更加独特和个性化的旅游体验。

除此以外，定制美容、定制健身等服务，也都在市场中快速兴起，成为消费者心中的绝佳选择。

当然，除了个性化服务定制模式，还有前文中讲到的个性化产品定制模式，这些创新性商业模式，必然会随着未来经济的发展，以及在数字技术、互联网、移动支付、大数据等的深入应用，而成为一种潮流和趋势。消费者可以随时随地选择并预定各种个性化产品和服务，使得产品和服务更加符合他们的期望，实现他们对更好生活品质的追求。

未来，做生意还需要根据消费者的个性化消费需求，不断调整商业模式，以更好地适应市场变化，获得最大的投资收益。

## 产业跨界融合

自从互联网、人工智能、大数据等技术的出现并普遍应用于各领域之后,各种边界不断被打破,跨界融合成为经济发展的又一显著趋势。立足新时代、新经济背景下,产业跨界融合进一步深入,企业商业模式也必将朝着产业跨界融合方向前进。

产业跨界融合,是指不同的行业之间,通过交叉融合,形成全新的复合产业,从而促使产业链上下游企业实现资源共享、共同发展的目标。

目前,产业跨界融合模式在我国经济发展的过程中,已经有显著的发展趋势。

文化产业作为传统产业,有着悠久的历史。如今,文化产业随着科技的发展,已经呈现出网络化、数字化、智能化的特征。旅游产业同样是一门传统产业,旅游也是人们在物质消费之余,在精神需求上的满足方式。

文化产业与旅游产业看似是两个独立的产业,但两者之间有十分紧密的关联。文化资源是旅游发展的重要基础,独特的文化资源能够吸引游客,促进旅游产业的发展。同时,旅游产业的发展可以促进文化资源的传承和保护,通过合理的旅游开发,可以增加文化资源的保护和传承力度。

基于此，近几年，文化产业与旅游产业在发展的过程中，二者深度融合，并做了很多商业模式上的创新。"文旅"一词也出现在大众视野中。各种产业联动模式层出不穷，有以我国神话故事为IP，结合当地旅游景点开发的手工艺产品；有在农耕文化基础上开发的采摘体验等旅游项目；有依托当地古代特有文化而打造的文化旅游景区，像大唐不夜城，很好地带动了当地旅游业的发展。

当然，文化产业与旅游产业融合只是产业跨界融合模式的冰山一角。还有很多产业跨界融合的例子，如农业与信息业、工业与服务业等。总之，不论何种产业，只要彼此之间有一定关联，都可以在相互渗透与融合中，成就一种全新的业态形式。

产业跨界融合下创新的商业模式，其成功之处就在于在原有产业的基础上，注入更多创意元素，通过新形式形成新的产业，实现了不同产业流量的共享，从而获得更多的衍生收益。足见，产业跨界融合模式，实现了跨界产业的市场互通与互利共赢。

产业跨界融合作为未来商业模式发展的一种新趋势，将引领商业模式未来的发展。

## 人工智能赋能

人工智能这几年的发展有目共睹，在商业领域的应用也越来越广泛，成为了未来商业发展的机遇和方向。未来，商业模式智能化则是大势所趋。

为什么这么说呢？

人们的生活品质和消费体验要求逐渐提升，这对于企业来说，要想迎合这种现状和趋势，就需要在产品设计、销售渠道和服务升级方面进行全面提升。但这也正是企业所面临的巨大挑战。人工智能赋能恰好能解决这些问题。

首先，实现客户体验智能化。

借助人工智能技术手段改进商业运营模式，可以实现客户服务的智能化，如智能客服、智能推荐、智能导购等。还可以利用人工智能对用户数据进行深度分析，更好地了解用户需求，为消费者提供便捷化、个性化、高效化服务。这样的最终结果就是能为消费者带来更好的消费体验感。

其次，实现业务流程自动化。

人工智能可以在商业活动中将复杂、繁琐的业务流程实现自动化，有效提升工作效率。

例如，在无人零售店里，融合人工智能深度学习算法、计算机视觉、物联网传感器等，用户可以直接人脸识别进店；拿起商品后，货架上的屏幕会自动介绍对应的商品信息；可以有效识别用户行为，如用户将商品放错位置时，屏幕会提醒用户，引导用户将商品摆回到正确位置；用户在拿走商品时，多种传感器结合人工智能算法识别用户手中商品；走出店铺在经过闸机时，就会自动完成订单费用结算。

最后，决策支持智能化。

人工智能有一个重要的能力，就是从海量数据中，快速提取重要的数据信息。基于这一特点，企业可以借助人工智能分析市场趋势、竞争对手情况，以此判断当下的产品模式、销售模式、营销模式等是否具有可行性，进而帮助企业决策者制定出更加精准的营销策略、产品研发计划等。这有利于企业开拓新市场、挖掘新机会，为企业带来更好的商业契机。

总之，智慧商业是未来商业发展的重要趋势，具有十分广阔的发展前景。企业应当深挖智慧商业的潜力，以人工智能赋能，积极创新商业模式，以适应未来商业环境的变化。

## 商业模式数字化

随着科技的发展，经济发展逐渐进入数字化时代。在这个数字化的经济时代，商业模式在不断发生变化。

在传统商业模式下，有明显的局限性：

第一，信息不对称。

在传统商业模式中，信息不对称的情况经常会出现。商家掌握了更多的信息，而消费者获得信息的渠道有限。这样，商家可以通过掌握的信息提高价格，消费者却很难有更好的选择。最终的结果是，导致市场竞争失去了公平性、有效性，也使得部分商家失去了市场竞争力。

第二，生产和销售脱节。

传统模式下，生产部门只顾生产，销售部门只管销售，产品合不合消费者胃口，只有销售部门知道。这样产能过剩的情况就会随之产生。这种脱节直接导致企业在市场中的竞争力降低。

第三，资源浪费。

传统模式下，企业由于生产和销售脱节，使得生产和销售难以得到一个很好的平衡，用于生产和销售所投入的人力、物力、财力巨大，往往带来了巨大的运营成本，造成严重的资源浪费。

在数字化时代，这些问题都得到了很好的解决。数字化改变了全球商业生态，越来越多的企业开始进行数字化转型。数字化也成为未来商业模式发展的一种趋势。

什么是数字化商业模式？数字化商业模式就是利用数字化技术，如互联网、移动设备、大数据分析等来重构传统商业模式，实现商业经营活动与交易过程的数字化。

比如，在产品设计与生产方面，当下数字技术应用于制造业，在虚拟现实、计算机网络、数据库等多个数字技术的支持下，能够快速收集消费者信息，并实现各部门数据信息同步传输与更新。系统将收集到的数据信息进行统计分析，并实现多维度可视化展示产品设计全过程。再结合自动化、智能化生产设备，完成产品生产任务，还可以根据相应的更新数据变更相应的生产计划，从而实现产品的精准生产。相比于传统模式，实现了产品生产与用户需求的精准对接，有效提升了生产效率，也减少了试错成本，避免了不必要的资源浪费。

比如，在营销活动方面，在大数据的支持下，营销人员可以根据每位消费者的消费习惯和喜好，以及页面停留时长等数据，分析和判断客户需要的相关产品，并为其进行精准产品推荐。这样的数字化营销模式，是对传统营销模式的一种变革，在传统营销模式的基础上，增加了许多新的特质，是一种超前性、高效性、人性化的营销模式。

比如，在支付方面，移动支付使得传统的纸币以数字货币的形式完成交易，已经成为当前消费者购物乃至出行不可或缺的一部分，为消费者提供了更加快捷、安全的购物体验。

再比如，在推动产业融合创新且高质量发展方面，数字化起到了极其重要的作用。当前，有很多旅游景点以数字化助力，打造创新性文旅体验场景：对重要景点、文物等，以历史故事、文艺作品等形式，通过云展览、VR等方式在线展示；对珍贵文物进行数字化采集，通过借助3D技术进行复原，打造数字化参观场景；借助元宇宙技术，打造虚拟旅游场景，为游客做游览指导和智能讲解。

数字化在商业领域的应用还有很多，在帮助企业进行数字化转型的同时，也促进了商业模式的创新，为企业拓展了新业务和新机会，实现了商业增长和价值创造。数字化商业模式的未来，还有很多潜力可以去挖掘。虽然我们不确定未来数字化商业模式还会带来什么样的新业务和新机会，但可以确定的是，数字化商业模式将继续发展。

## 商业模式娱乐化

在当前的大环境下，消费者所追求的对购物品质的追求，从将就转变为讲究。消费已经不是单一的购物，娱乐化消费则成为日益增长的刚需。

短视频、直播本身就是为用户娱乐而服务的，在短视频和直播出现之后，人们已经将其视为一种娱乐消遣、缓解压力的方式。随着短视频、直播的进一步发展，商业变现进入了快车道，短视频电商、直播电商成为了电商发展的新趋势。这也使得电商被赋予了娱乐化特点。

自此，像淘宝、京东这样的传统电商巨头，也开始加入到娱乐化生态中来，它们借助直播来拓展自己的多元化变现模式——边看边买的娱乐化电商模式逐渐走上主流道路。

除此以外，盲盒也是一种典型的娱乐化商业模式。盲盒模式下，商品被赋予了娱乐化的内涵，抽盲盒的过程中营造出极具轻松的娱乐化、游戏化氛围，吸引广大消费者参与体验盲盒消费。盲盒模式作为一种娱乐化商业模式，抓住了当下人们喜欢娱乐化消费的心理，成为一个全新的竞争点，在商业生态中脱颖而出，且势不可挡。

这些都是娱乐化商业模式在当下市场深受青睐的有力印证。娱乐化商业模式与传统商业模式的最大区别在于，传统商业模式以流量转化为核心，娱乐化商业模式则是以娱乐消费为核心。娱乐化商业模式并不是赤裸裸地表现为追求流量和成交额，而是注重娱乐的创新，借助于娱乐来提升消费体验感，聚集人气，利用售卖产品实现人气的转化和变现。

我们在逛商场时会发现，善于做娱乐化商业模式的商家，会在商场中增设儿童游乐区、休闲娱乐区等，让顾客在购物的过程中获得更多的玩乐乐趣。通过娱乐形式来吸引流量，最终将流量转化为销量。而且这种娱乐化商业模式相较于传统商业模式，所带来的吸引力和黏性更大，也有效提升了流量和复购率，在基于稳定流量的基础上，形成一个牢固的娱乐化商业生态。

总之，娱乐化商业模式就是将娱乐种植到商业模式当中，用娱乐的方式来强化人们的欲望，使得平凡的购物体验变得不平凡，并由此带来可观的经济效益。

我们也看到了娱乐化商业模式在消费市场中存在的价值，最终带给商家的盈利也是显而易见的。可以说，娱乐化已经成为了一个全新的商业模式和商业机会，为各行业的发展带来了更多机遇和可能性。相信，未来很长一段时间里，娱乐化商业模式将会持续下去，其价值不会褪色。未来设计商业模式，要注重娱乐化元素的融入。